青少年求知文库
QingShaoNianQiuZhiWenKu

中外名人的青春故事

陈渔　孙建军　编

吉林人民出版社

图书在版编目（CIP）数据

中外名人的青春故事 / 陈渔，孙建军编. — 长春：吉林人民出版社，2010.7（2021.3重印）
（青少年求知文库）
ISBN 978-7-206-06876-8

Ⅰ.①中… Ⅱ.①陈… ②孙… Ⅲ.①名人－生平事迹－世界－青少年读物 Ⅳ.①K811-49

中国版本图书馆CIP数据核字(2010)第120397号

中外名人的青春故事

编　　者：陈　渔　孙建军
责任编辑：王一莉
吉林人民出版社出版（长春市人民大街7548号　邮政编码：130022）
印　　刷：三河市燕春印务有限公司
开　　本：700mm×970mm　1/16
印　　张：13　　　　　　**字数：**110千字
标准书号：ISBN 978-7-206-06876-8
版　　次：2010年7月第1版
印　　次：2021年3月第2次印刷
定　　价：39.00元

目 录

阿什的青春赠言

一代网球明星阿瑟·阿什因输血而受到病毒感染，离开了他的亲人、朋友、球迷，然而人们不会忘记他是如何呼吁抑制艾滋病的。下面是阿什临死前给7岁的女儿卡米拉留下的一封信：

亲爱的卡米拉：

当你读到这封信的时候，我或许早已不能与你交谈了。我对你来说已成了回忆。我希望我写的这封信能使你的回忆永不消逝。我盼望我能成为你生命中的一部分。

你我都期望能长相守，但我们不能想要什么就要什么，我们必须对生命中无法避免的事做好准备，大多数人都拒绝变化，即使这种变化会带来好结果。但是当你适应了所有变化后，你就有了良好的开端。卡米拉，有些东西是永恒的。例如家庭，家庭像是又深又粗的树根，它支撑着树干，使树能抗风寒、抵雨雪。你卡米拉就是这棵树上的一片叶子，你是咱们家族在美国的第10代，你无论何时都不应忘记自己在大树上的位置。

你可能暂时不明白我在说些什么，尤其是当我对你谈起种族歧视的问题时。假如我能借给你什么，那就是一个没有沉重负担的生命，当然这是不可能的，你必须自己学会做到这点，这样你就不至于遗失快乐和财产。可能将来某天你会组建自己的家庭，它会丰富你的生活，给你带来快乐，你将知道，大树又在生长了。

婚姻可能是你生命中将做的第二个重大抉择。而最重大的抉择将是你决定是否要个孩子。当今世界，有近一半的婚姻以离婚告终，这也意味着你必须极其慎重地选择你的丈夫。父母双全的家庭对孩子的成长是极为有益的，假如你像当今许多女性那样有一个非婚生的孩子，这将令我万分遗憾。

我祝愿你能最终找到一个能给你带来幸福的伴侣，祝福你有一个美满的婚姻，就像你妈和我那样。现在的夫妇往往因鸡毛蒜皮的小事就闹离婚。在我和你妈结婚的那个晚上，我们的一位老朋友给了我们一点忠告，其中一条即是：婚姻中最重要的是能相互给予，这需要勇气，但它是通往幸福之门的钥匙。不能相互给予的夫妇是不能维系长久婚姻的。你还必须学会如何在这个社会中生存，做到感觉良好。当我满世界跑，进行巡回比赛时，我发现，与不同类型的人保持亲密的友谊不仅是可能的，而且还能极大地丰富你的生活阅历，简而言之，与人交往价值不菲。不要限制自己，也不要允许别人限制你，我希望你有勇气与多种人相处并建立友谊。尽管种族歧视至今阴魂不散，但以我打网球赚来的钱，你的物质生活肯定会比世界上99%的孩子好很多。你要好好支配钱，但不要让钱支配你。

卡米拉，要注意你的身体。你母亲每天锻炼一个钟点，我也鼓励她这么做，我希望你将来至少掌握两项体育运动。体育运动的迷人之处在于它会在某些时刻给你慰藉和快乐，通过体育你会更了解自己，了解你的情感和性格，并锻炼你的坚强毅力，学会如何从失败走向胜利。在你成人的道路上，你将会首先尝试成人的事，诸如驾车、喝酒、熬夜、吸毒和性。作为你的父亲，我特别担心的是酒、性和毒品。那些被酒、毒品毁掉前程的人我看得太多。在我们这个家庭，嗜酒者不少，他们为此痛苦了一辈子。性乃上帝的礼物，在性方面不要太过于轻率，不要被人诱惑，遭人抛弃、遗忘，像许多伤悲的女人那样。

卡米拉，我的人生很匆忙，你将来也会发现人生匆匆。当今世界新技术新信息层出不穷，你常会感到时间不够用。要抓紧时间，充分利用时间，但不要将自己置于时间的控制之下，总之要保持生命的平衡。

别生我的气，尤其在你需要我而我却无法在你身边的时候。我最爱陪伴你了。当我不在人世的时候，不要悲哀。我将始终爱着你，你给了我许多快乐，我却不能给你再多的爱。

卡米拉，当你在读这些文字的时候，或许我正在看你呢！我在对你笑，并将一直鼓励你。

失者得到丰厚的馈赠

28岁那年，黑人菲力斯成为全欧洲马拉松长跑冠军。

一次，他应邀到全国最大的一处监狱做演讲。面对上千形形色色的罪犯，菲力斯讲了他贫穷的童年，及他在坎坷中拼搏奋斗、自强不息、改变自己命运的经历。演讲引起极大反响，全场报以经久不息的掌声。

在他结束演讲，即将走下台时，一个犯人站起来，请他回答一个问题："在你的一生中，你最感谢谁？"

菲力斯沉思片刻，说："我最感谢一个特殊的人，他就是那个当年偷了我的自行车的小偷。"菲力斯的回答引起全场一片哗然。

在人们的惊讶声中，菲力斯道出了事情的原委：那年他13岁，正读初一。由于家穷，他不能住校，全靠一辆破自行车，一天两次来往于相隔5公里的家与学校之间。那是一辆破得不能再破的自行车，可有一天他到校后忘了给车上锁，车子被小偷偷走了。

家里再也无力为他买自行车，他只好跑步上学，一天10公里，3年下来，他吃了不少苦头，可是，跑步先是使他成了全校长跑冠军，后又在全市获得亚军……从此，他走上运动生涯。他真诚地说："如果不是因为当初丢车，我绝不会有今天的荣誉。"他总觉得对不起那小偷，也许那是小偷的第一次，由于他的疏忽，小偷轻易得手，从此一发而不可止……

人们就笑起来，说不会那么巧。可就在此时，台下爆发出一声哭喊："我就是那小偷！"接着，管教对那人说："希库莱，你搞什么？嫌刑期太短吗？"

菲力斯制止了管教，耐心听那犯人絮絮叨叨哭诉。当他听那犯人说，他偷的那辆自行车是由三种型号的机件拼接而成，车梁有爆痕，后圈有断迹时，他默默走下台来，从胸前摘下一枚奖章，别到希库莱的胸前。希库莱满面羞惭，连说："我不配，我不配。"

人们纷纷惊叹：这真是上帝的安排啊。失者得到最丰厚的馈赠；得者失去了最宝贵的东西。得和失就像一对在岔路口分手的兄弟，走得越远，差别越大。

俞敏洪的青春故事

俞敏洪，新东方英语的创始人。

俞敏洪可以被定义为一个教人如何考试的人。同样，他自己也经历过很多考试，三次高考才考入大学。

前两次参加高考时，俞敏洪的英语成绩分别只有 33 分和 55 分，而那时他的目的也只是想到常熟师范学校去读个大专，就连这样的原望最后也没有达成。就在他几乎准备放弃时，县政府办了一个补习班，请来一位曾经培养出北大学生的老师来给学生补习英语，俞敏洪由于成绩不够而落选。后来，他的母亲找到从教育局到江阴一中的所有相关人员，求他们给自己儿子一个机会。俞敏洪记得特别清楚，母亲从城里回来的时候，刚好下大雨，从城里走到村里全是小路。母亲回来的时候浑身是泥，因为她摔在沟里好几次。看到这个场景，俞敏洪产生了一种感觉，自己第三年是不可能不上大学的。

进了补习班之后，俞敏洪一改往日的自卑，努力而勤奋地学习，被选为班长。当你觉得拼命是一种快乐的时候，你的学习成绩不太可能上不去，俞敏洪说。后来，俞敏洪的高考总分和英语分数都超过了北大录取分数线。

从北大毕业后，俞敏洪留校当了老师，而且一干就是7年。在北大任教的那段时间，他身边的朋友和同学大多留学到美国或加拿大。虽然俞敏洪心里也有些落差，但却未流于表面。可是俞敏洪的妻子觉得被人落下了，便时常在他耳边唠叨。

俞敏洪也曾作过出国的努力，在三年半的时间内，有七八所大学给他寄来录取通知书，甚至有学校给他一个四分之三的奖学金，但最终都因为经济的原因未果。后来，俞敏洪因为自己考过了托福和GRE，就参与了一所民办的讲课辅导。为此，他被学校严历批评记过并在闭路电视上播放，成为校内的知名人物。由于在外面讲课拿到的工资比教书要多，俞敏洪决定离开北大。自己创办补习学校。

1993年的时候，俞敏洪的学生越来越多，

一段时间后，北京图书馆的那次讲座让俞敏洪难以忘怀。1993年的一个寒冷的冬天，俞敏洪租了北京图书馆的报告厅，结果来了4000人。1200人进场后，外面的两千多名进不来的学生很愤怒，又是推门，又砸玻璃。整个紫竹院的几十个警察

全部出动维持秩序，学生仍然不买帐，把警察推开继续推门。

在礼堂里面的俞敏洪决定亲自出去平息学生们的怒气，警察说你出来学生就会把你撕碎了。俞敏洪还是走出大门，里面交给同事代讲。他站在一个大垃圾桶上，只穿了一件衬衫，讲了一个半小时，原本很愤怒的学生也被他的演讲吸引，有的学生把身上的大衣脱下给他穿。

到了 1995 年，俞敏洪已经能够有机会出国读书，但当时新东方的发展越来越好，他开始舍不得这个学校了。俞敏洪决定到美国和加拿大请大学同学回来一起做新东方。俞敏洪带着北京“个体户”的身份，来到了加拿大，结果最后被俞敏洪游说回来的只有三个人。

俞敏洪的人生经历可以用流传在新东方里的一段话来诠释：世界上如此多的考试，很多考试我们必须参加，无可逃避，否则我们连进门的机会都没有。但光凭考试，没有踏踏实实的知识、经验和智慧，就算你进了门也看不到世界的精彩。我们生活中最重要的是，自己对自己的考试，如果我们战胜了自己的缺点和自卑，不管我们有没有参加考试，有没有拿到高分，有没有上大学或者出国，我们都会取得成功。

十年以后你会怎样

有位女孩18岁之前，是个不知道自己想要什么的人，每天就在艺校里跟着同学唱唱歌，跳跳舞，偶尔有导演来找她拍戏，她就会很兴奋地去拍，无论角色多么小。直到1993年的一天，教她专业课的赵老师突然找她谈话，她问："你能告诉我，你未来的打算吗?"女孩一下子愣住了。她不明白老师怎么突然问她如此严重的问题，更不知该怎样回答。

老师又接着问她："现在的生活你满意吗?"她摇摇头。老师笑了："不满意的话证明你还有救。你现在想想，十年以后你会怎样?"

老师的话很轻，但是落在她心里却变得很沉重。她脑海里顿时开始风起云涌。沉默许久后她说："我希望十年以后自己能成为最好的女演员，同时可以发行一张属于自己的音乐专辑。”

老师问她：“你确定了吗？”她慢慢咬紧嘴唇：“是。”而且拉了很久的音。“好，既然你确定了，我们就把这个目标倒着算回来。十年以后你28岁，那时你是一个红透半边天的大明星，同时出了一张专辑。”“那么你27岁的时候，除了接拍各种名导演的戏以外，一定还要有一个完整的音乐作品，可以拿给很多很多的唱片公司听，对不对？”“25岁的时候，在演艺事业上你要不断进行学习和思考。另外，你还要有很棒的音乐作品开始录制了。”“23岁必须接受各种各样的培训和训练，包括音乐上和肢体上的。”“20岁的时候开始作曲作词，并在演戏方面要接拍大一点的角色……”

老师的话说得很轻松，但是她却感到一种恐惧。这样推下来，她应该马上着手为自己的理想做准备了。可是她现在什么都不会，什么都没想过，仍然为小丫环小舞女之类的角色沾沾自喜。她觉得一种强大的压力忽然向自己袭来。老师平静地笑着说：“要知道，你是一棵好苗子，但是你对人生缺少规划。如果你确定了目标，希望你从现在就开始做。”

想想十年后的自己——当她意识到这是一个问题的时候，她发现自己整个人都觉醒了。从那时起，她就始终记得十年后自己要做最成功的明星。所以，毕业后，对角色她开始很认真地筛选。渐渐地，她被大家接受了，她慢慢地尝到了成功的欢乐。

2003 年 4 月，恰好是老师和女孩谈话的十周年，她不知道是偶然还是必然，她居然真的拥有了属于自己的第一张专辑——《夏天》。

这个女孩就是如今红遍全国、驰名海内外的影视歌三栖明星周迅。从 1991 年到 2008 年初的 17 年，周迅已拍摄各类题材的影视剧 37 部，成为 32 种知名品牌的形象代言人。她已获得过 45 个影视歌奖项，百花奖、金紫荆奖、金像奖、金马奖她都先后一一问鼎，她的歌曲也深受广大歌迷的喜爱。毫无疑问，所有这些成就的取得，正是周迅牢记老师的话，孜孜以求、奋争不止的结果。

人生能有几个十年？只有及时地拷问自己：“十年后我会怎样？”及早规划，及早行动，并且矢志不移，百折不挠，你就会拥有多彩的人生。是的，时刻想着十年以后的自己，想想十年以后会怎样，你就会离自己的理想和目标越来越近。

智慧毕达哥拉斯

公元前 570 年左右，毕达哥拉斯出生在米里都附近的萨摩斯岛 (今希腊东部的小岛)，他最先概括“数学”和“哲学”两门学问和推算出“直角三角形斜边的平方等于两条直角边的平方和”定理。

古希腊人热爱运动，崇尚健壮的体魄，欣赏高超的竞技能力。一次，菲罗斯僭主勒翁邀请毕达哥拉斯观看竞技比赛。盛大的竞技场里人山人海，场面恢宏。毕达哥拉斯与勒翁谈天说地，气氛和谐。勒翁很钦佩毕达哥拉斯的知识学问，看到竞技场里各种身份的人士和竞技台上身怀绝技的勇士，便转身问毕达哥拉斯是什么样的人。

毕达哥拉斯说：我是哲学家（希腊语哲学的意思是爱智慧，哲学家就是爱智慧的人)。这也是人类第一次使用哲学这个词。

勒翁问为什么是爱智慧，而不是智慧？

毕达哥拉斯说，只有神是智慧的，人最多是爱智慧。就像今天来竞技场的各种各样的人，有的是来做买卖挣钱的，有的是无所事事闲逛的，而最好的人是沉思的观众。如同生活中，不少人为卑微的欲望追求名利，只有哲学家寻求真理。

从此，世界有了哲学家，追求真理也成为哲学家永不放弃的目标和信念。

孔子和毕达哥拉斯是同时代的人，也是两种不同文化传统的创立者和代表者（古代中国的儒学和古希腊的毕达哥拉斯学派）。虽然这两位思想家所在的人文环境和地理环境相差遥远，但他们有关“和”的思想以及对音乐功能的认识却表现出极大的相同点。

有一天，毕达哥拉斯路过一家铁匠铺，听到铁锤打击铁砧的声音，辨听出了四度、五度和八度三种和谐音。他猜想是由于铁锤重量的不同导致了声音的不同，于是通过称量不同铁锤的重量确认了这种关系。

随后，他又在竖琴上做进一步试验。根据不同长度弦的振动，发现了弦的长短与和谐音的关系。证明音乐中蕴藏着数的奥秘，竖琴之所以能发出悦耳的音调，是因为合乎一定数的关系。他甚至认为灵魂就是一种和谐。因此，“毕达哥拉斯是千古第一人表现声音与数字比例相对应，比任何人更早把一种看来好像是质的现象——声音的和谐——量化，从而率先建立了日后成为西方音乐基础的数学学说。”

毕达哥拉斯认为数是万物的本源，万物由数构成。

他对数充满敬畏。相信是数创造了世界，通过对数的研究能了解宇宙的奥妙。而‘一’最为基本，既是一切数的开始，又是计量一切数的单位，与理性、灵魂、本体是同一个东西。

他发现任何具体事物都有一定数量的规定性。他第一个把秤和尺介绍给希腊人。

他把音乐中一定数的比例关系构成的和谐，运用到观察天体运动中，各天体之间的距离，大小也是按照数的比例排列组合，宇宙的结构像音乐般和谐，天体像人的灵魂一样和谐有序。

一天，毕达哥拉斯应邀到朋友家做客。这位习惯观察思考的人，突然对主人家地面上一块块漂亮的正方形大理石感兴趣。他没有心思听别人闲聊，沉思于脚下排列规则，大小如一的大理石彼此间产生的数的关系中。

他越想越兴奋，完全被自己的思考迷住，索性蹲到地上，拿出笔尺。在 4 块大理石拼成的大正方上，均以每块大理石的对角线为边，画出一个新的正方形，他发现这个正方形的面积正好等于 2 块大理石的面积；他又以 2 块大理石组成的矩形对角线为边，画成一个更大的正方形，而这个正方形正好等于 5 块大理石的面积。于是，毕达哥拉斯根据自己的推算得出结果：直角三角形斜边的平方等于两条直角边的平方和。

著名的毕达哥拉斯定理就这样产生了。

为了庆贺自己的发现，毕达哥拉斯用了一头公牛祭祀庙宇里的神像。

毕达哥拉斯衣着朴素，吃简单的食物，大多赤脚走路，过一种简朴纯洁的生活。在他的社团里，有男有女，打破了当时禁止妇女出现在公共场所的戒律。而且一切财产归公有，大家共同享受，地位一律平等。对自己和门徒有种种戒律，比如，不准吃心脏，不准吃豆子，不许在灯边照镜子等等。

他招收门徒也极为严格，要想做他的门徒，必须先隔着门帘听他讲课，5 年后，他认为达到要求水平才与学生见面，弄得很神秘。

有一个人听了他 5 年课，最后他还是拒绝与这人见面。心怀强烈的嫉恨，这人放火烧了毕达哥拉斯的房子，克罗内托城对他言行不满的人乘机发起攻击。他本来可以跑脱的，路上他遇到一块豆地就停了下来，他宁愿被抓住也不穿过豆地，违背自己的禁忌，宁愿被杀也不玷污自己学说。这样，他被追上来的人割断喉管。

毕达哥拉斯死了，他的学派却持续繁荣了 800 多年，直到公元 3 世纪融入新柏拉图学派。

韦勃斯脱和土拨鼠

从前，有一个名叫达尼尔·韦勃斯脱的小男孩，住在新哈勃郡的群山间的一处僻静农庄里。他的童年，大部分时光在森林和田野中消磨。

他六七岁时，便学会了读书。他念起书来，语调感人，热情奔放。相邻农庄的人驱车路过，常常停车，把他唤出来，念上一篇有趣的文章。

在新哈勃郡的农民家中，各种类型的书都是极为罕见的。但是，达尼尔总是想尽办法读一切可以到手的书。他一遍又一遍地读，直到弄懂书中的道理为止。

达尼尔的父亲除了务农，还担任乡间法庭的法官。他热爱法律，希望儿子长大之后能成为一名律师。

那年的夏天，一只土拨鼠在靠近韦勃斯脱先生家的丘陵边作穴安家。夜晚，它钻到菜园里吃洋白菜的嫩叶。日复一日，很难说这个小动物把园子糟蹋到何等地步才肯罢手。达尼尔和他的哥哥艾沙克决心要逮住这个偷菜贼。他们想尽办法，但是那小动物极为狡猾。后来，他们在它的必经之路设置了一个极巧妙的陷笼。夜间土拨鼠终于身陷囹圄。“逮住了！”艾沙克喊道。“这回呀，土拨鼠先生，你恶贯满盈，寿数到了。”

达尼尔却对小动物产生了怜悯。“不，别伤害它，”他说：“让我们把它弄到山那头去。在森林那边，把它放掉吧。”

艾沙克说什么也不同意，执意要杀死它。

“我们去问父亲吧，听听他怎么说。”

“同意，我知道法官会做出怎样的判决。”

他们便提着装有土拨鼠的陷笼，到父亲住处去，听他发落。

“好吧，孩子们，”韦勃斯脱先生听完孩子们的陈述说道，“让我们用公正方式来处理这个案件吧，我们组织一个法庭，我担任法官，你们担任律师，你们可以分别陈述对此案的看法，提出对罪犯的控告或申辩，听取你们的意见后，由我作出判决。”

艾沙克作为原告首先发言，他陈述土拨鼠所造成的损失，说世上所有土拨鼠都是坏家伙，都是不可信赖的动物。他讲到他俩如何费尽心机才抓住了这个偷食菜叶的贼，如果把它释放，简直太便宜它了。

“一张土拨鼠的皮，”他道，“能卖上十美分，虽然数目微小，但尚可补偿它所吃去的菜叶部分价值。假如我们把它自由放走，又怎么去寻求对我们损失的补偿呢？无疑，对它而言，死比活更有价值，死杜绝了它再次犯罪的可能性。”

艾沙克讲得流畅而有条理。法官暗想，这种真实有理的论点，将使达尼尔的辩护十分困难。

达尼尔开始为这可怜动物的生命作申辩了：“造物主创造了土拨鼠，使它得以在灿烂的阳光和绿色的森林中欢快地生存。土拨鼠有它生的权力，这生存权是造物主赋予它的。

“上帝赐给我们人类以食物，他满足了我们所赖以生存的各种需要。难道我们竟不允许从这慷慨的份额之中，分一丁点儿给那个可怜的小动物么？难道它竟没有与我们一样接受造物主赐给礼物的权利么？

“土拨鼠并不是狐狸和狼那般凶狠的野兽。它生活在宁静与和平之中。在山脚筑一小窠，每日攫取一小撮草本食物，就是它所企求的一切了，除了对一些植物之外，其余都不伤害。它之所以吃菜叶也是为了求生存，它是偶尔闯入菜园才犯了罪。它有生存权利，食用权利，自由权利，我们无权剥夺这一切权利。

“瞧瞧它那柔顺恳求的眼睛，瞧瞧那因惧怕而颤抖不已的模样吧！它不能够说话，这便是藉以表达恳求赦免一死，向我们告饶的方式。我们将残酷到恣意杀戮它的地步么？我们将如此自私地夺去造物主给予它的生命么？”

法官被这一些话感动得老泪纵横，不待达尼尔的演讲结束，他就站起身来，擦去眼中的泪水，喊道：“艾沙克，把这只土拨鼠放掉。”

后来，达尼尔·韦勃斯脱成了美国著名的政治家及演说家。

最危险的经历

英王查理一世手下最有影响的骑士要数杰夫里斯·赫德森爵士。17 世纪的绘画和文学作品中，他的身影无处不在。但赫德森不仅仅是个传说，他的丰功伟绩、色彩斑斓的罗曼史和惊世骇俗的冒险经历都有据可考。

在他数不胜数的历险故事中，有一次最危险的经历。那一次，赫德森爵士与死神擦肩而过。战场上的枪林弹雨，政治斗争中的明枪暗箭，甚至是妒火中烧的丈夫们都不曾置他于死地。但英勇无敌的赫德森爵士却差点儿在那次意外中丧生。

让我们先说说赫德森爵士的生平吧！他从小就受到王室的青睐。9 岁进入白金汉宫服务。不久，进入英国王宫，开始效力于国王和王后。赫德森的第一个皇室职位是汉普顿宫廷委员会委员。

11 岁时，赫德森进入宫廷外交部。他第一次出访的目的地是法国，返航途中，船队在敦刻尔克被法兰德斯海盗劫持。整个过程中，赫德森大义凛然，机智沉着，为全体旅客安全脱身立下了汗马功劳。他历险的一生，也从此拉开了序幕。

还在十几岁时，赫德森便跟随沃立克伯爵和北安普顿伯爵前往荷兰，支援荷兰反抗西班牙、争取独立的斗争。1637 年，赫德森的赫赫战功传回英国。19 岁的他，成为家喻户晓的英雄。回国后，赫德森被封为爵士。众多皇室女子因他争风吃醋。

查理一世与清教徒作战时，作为皇家卫队的队长，赫德森冲锋陷阵。国王被推上断头台后，他带王后逃往法国。从那时起，直到生命的最后一刻，赫德森爵士经历了一连串令人炫目的罗曼史。他曾无数次与人决斗，曾被诬告而锒铛入狱，随后逃脱。赫德森几乎周游了全世界，无数次同海盗搏斗。

赫德森 39 岁时，查理二世复辟登台。他回到阔别已久的故乡。此后的 7 年中，赫德森仍然保持着骑士本色——决斗、艳遇不断——直到他退隐英国乡下。然而，对他来说，宁静的田园生活实在太无聊了。1679 年，6l 岁的赫德森爵士不甘寂寞，加入国王的秘密军队……

说到这儿，你也许早已急着知道，赫德森生命中最危险的时刻到底是哪个时刻？那次意外发生在赫德森爵士洗脸的时候，他差一点儿淹死……差一点儿淹死在脸盆里！

我知道你为什么惊讶。其实答案就在牛津市的阿莫什林博物馆里。赫德森生前的衣物陈列在那儿。仔细观察汉普顿宫墙上挂着的群像画，你也能发现答案——战功显赫的赫德森爵士，一生充满浪漫传奇的英雄，只有 46 厘米高。

生活中的上坡下坡

她一共演了两部戏，当年，她的名气如日中天。但人们只记得她演的角色，还是记不住她的名字。她演的这两部戏，一部叫《红楼梦》，一部叫《家春秋》。她就是那个“林妹妹”，她就是那个“梅表姐”。

《红楼梦》的“火”，至今想来，仍然难以想象。如此长的电视剧，在全国各地的电视台重播了700多次。她演的“林妹妹”从此家喻户晓。

从此，她就难以超脱“林妹妹”这个角色了，即使在第二部戏《家春秋》中，她十分投入想演好那个“梅表姐”，但在观众的眼里，她仍然是“林妹妹”。

她遭遇了“最好”，她的那个“凄凄惨惨”、“柳眉紧锁”的林黛玉形象就好像是为她量身定做的。她削弱的身材、恬淡的心境、难以改变的气质，注定她戏路的局限。那种叫“忧郁”的情绪，只有“林妹妹”才可能有，而她偏偏演了“林妹妹”。

这是她的幸运，也是她的不幸。幸运的是，当年一个20多岁的女孩只演了一个角色就红了；不幸的是，她想从此走入演艺圈，却突然发现自己成了“林黛玉”。

她的起点太高，高得无法再接受其他的戏。她说她仍然是幸运的，因为有的女孩子奋斗了一辈子，也没有接到一个最好的角色。

但真是如此吗？

她的演艺生涯在演完《红楼梦》就结束了，她出过国，试图改变自己的生活。现在她是一家广告公司的董事长，她不懂广告，也不懂和客户谈判。在客户的眼里，她不是一个商人，而是“林妹妹”。

她现在信佛吃素，还有，她曾对记者说：“我的心理年龄已经100岁了，我希望现在就过老年人的生活，希望过我爸爸妈妈的生活。”可是，她青春仍在，靓丽如初。她的心境让人觉得不可思议。她叫陈晓旭。

我还是认为她被“最好”所伤。人生本来像爬坡，有上坡，有最高点，还有下坡。可是她，突然来到了最高点，得到自己想要的一切，接下来面对的就是长长的下坡路了。

有时想想，人生有目标，即使有长长的，甚至让人叫苦不迭的上坡路，未尝不是一件好事。

我是借了太阳的光

卡尔·弗里德里希·高斯（1777—1855 年）是德国 19 世纪著名的数学家、物理学家。

高斯是一对普通夫妇的儿子。他的母亲是一个贫穷石匠的女儿，虽然十分聪明，但却没有接受过教育，近似于文盲。在她成为高斯父亲的第二个妻子之前，她从事女佣工作。他的父亲曾做过园丁，工头，商人的助手和一个小保险公司的评估师。

高斯小学时用很短的时间计算出了老师布置的任务：对自然数从 1 到 100 的求和。他所使用的方法是：对 50 对构造成和 101 的数列求和（1+100，2+99，3+98……），同时得到结果：5050。这一年，高斯 9 岁。父亲格尔恰尔德·迪德里赫对高斯要求极为严厉，甚至有些过份，常常喜欢凭自己的经验为年幼的高斯规划人生。高斯尊重他的父亲，并且秉承了其父诚实、谨慎的性格。

在数学史上，很少有人象高斯一样很幸运地有一位鼎力支持他成才的母亲。高斯一生下来，就对一切现象和事物十分好奇，而且决心弄个水落石出，这已经超出了一个孩子能被许可的范围。当丈夫为此训斥孩子时，他总是支持高斯，坚决反对顽固的丈夫想把儿子变得跟他一样无知。

高斯不到 20 岁时，在许多学科上就已取得了不小的成就。对于高斯接二连三的成功，邻居的几个小伙子很不服气，决心要为难他一下。

小伙子们聚到一起冥思苦想，终于想出了一道难题。他们用一根细棉线系上一块银币，然后再找来一个非常薄的玻璃瓶，把银币悬空垂放在瓶中，瓶口用瓶塞塞住，棉线的另一头也系在瓶塞上。准备好以后，他们小心翼翼地捧着瓶子，在大街上拦住高斯，用挑衅的口吻说道："你一天到晚捧着书本，拿着放大镜东游西逛，一副蛮有学问的样子，你那么有本事，能不打破瓶子，不去掉瓶塞，把瓶中的棉线弄断吗?"

高斯对他们这种无聊的挑衅很生气，本不想理他们，可当他看了瓶子后，又觉得这道难题还的确有些意思，于是认真地想起解题的办法来。

繁华的大街商店林立，人流如织。在小伙子们为能难倒高斯而得意之时，大街上的围观者也越来越多。大家兴趣甚浓，都在想着法子，但无济于事，只好把希冀的目光投向高斯。高斯呢，眉头紧皱，一声不吭不受围观者嘈杂吵嚷的影响而冷静思考。

他无意地看了看明媚的阳光，又望了望那个瓶子，忽然高兴地叫道："有办法了。"说着从口袋里拿出一面放大镜，对着瓶子里的棉线照着，一分钟、两分钟……人们好奇地睁大了眼，随着钱币"当"的一声掉落瓶底，大家发现棉线被烧断了。

高斯高声说道："我是借了太阳的光！"

人们不由得发出一阵欢呼声。

高斯有"数学王子"、"数学家之王"的美称、被认为是人类有史以来"最伟大的四位数学家之一"（阿基米德、牛顿、高斯、欧拉)。人们还称赞高斯是"人类的骄傲"。天才、早熟、高产、创造力不衰、……，人类智力领域的几乎所有褒奖之词，对于高斯都不过份。

把裤头儿也脱了吧

明代哲学家王阳明是中国思想史上一个重量级的人物。?十二岁时，阳明正式就学塾师；十三岁，母亲郑氏卒，幼年失怙，这对他来说是 一个很大的挫折。十五岁便与祖父出游居庸关，那时已有经略四方之志。二十一岁参加乡试，中了之後赴京师，他遍求朱熹遗书以读之，读着读着，便兴起一个念头：何不实验一下？於是他便真的「格」起竹子来，格了七天，道理没领悟出来，反而生了一场病。于是他从此转为研究辞章之学。他的思想起了一次变迁。

二十二岁时参加会试失败，这是他第一次尝到失败的滋味，到了第二次会试依然落榜，这对自信的他来说，无疑是一种挫败，但他坦然面对。

王阳明早年在贵州龙场任驿丞时，曾捕获了当地一个罪大恶极的强盗头目。该头目平时明火执仗，杀人越货，无恶不作。在受审时，他很爽快地对王阳明说："我犯的是死罪，要杀要剐，任你处置，只请你不要和我谈道德良知。像我这种人是从来不谈这个的，甚至连想都没有想过。"

王阳明当即说："好的，今天我不和你谈道德良知。不过，天气这么热，我看在审案前我们还是把外衣脱了吧。"

强盗头目原来是被捆绑着的，脱外衣意味着松绑。于是，他赶紧说："好！好！脱。"

脱去外衣后，王阳明又说："还是热，再把内衣也脱了吧。"

强盗头目当然不会在乎赤膊，于是就脱了内衣。

这时，王阳明再说："还是热得不行，我们再把外裤也脱了吧。"

强盗头目也说好……庭上庭下两人身上只剩下一件裤头儿。

而此时王阳明更进一步，说道："干脆我们把裤头儿也脱了吧，全身赤裸更自在……"

一听说连裤头儿也要脱，强盗头目赶紧说："这可使不得！万万使不得！"

面对此情此景，王阳明当即来了一番水到渠成的因势利导："为什么'使不得'？这是因为在你心中最后还剩有那么一点儿羞耻感。而这点儿羞耻感又何尝不是'道德良知'的某种表现。一个新生儿是决不会在乎自己光屁股的，可见就是像你这样十恶不赦的家伙，我照样可以和你谈‘道德良知’……”

强盗头目口服心服，在王阳明所标举的“道德良知”感召下，全盘将自己的罪行一一如实供出。

王阳明从政的最主要功绩就是平定朱宸濠叛乱。明正德十四年（公元 1519 年）6 月 14 日，明王朝宗室宁王朱宸濠在南昌起兵谋反，叛军十万，势如破竹，陷南康，下九江，顺流而下。一路克安庆，逼南京，大有挥戈北上直取京城之势，明朝廷上下震动，惊慌失措。这时，驻守在丰城的赣南巡抚王阳明迅速赶到吉安，果断决策，调集军队，直捣叛军老巢南昌。宸濠闻讯，急忙回师救援，王阳明与叛军大战鄱阳湖，仅用了 35 天时间，王阳明就大败叛军，在南昌附近的生米街生擒朱宸濠。一场危及江山社稷的大叛乱几乎是在谈笑间平定了。

丢死鼠，却臭了自己

卢梭于 1712 年出生于日内瓦，一出生就失去了母亲。他父亲是一个钟表匠，他的家庭属于小资产阶级。卢梭并不认为自己是出身于最贫穷的阶级。他在《忏悔录》中曾说他出生“与一个风俗习惯都不同于一般人民的家庭里”。但是，他自幼便失去了家庭的照管，这让无依无靠的卢梭饱受苦难。

他曾在一个雕刻家里做了两年的学徒。学徒的生活在当时是一种最苦的生活。卢梭受过欺侮，还挨过打。他用一般儿童所使用的方法来自卫，他撒谎、偷窃。有一天，他终于逃跑了。从此他过上了十三年流浪生活，学会了各式各样的职业，也遭受过种种的痛苦。

在常人看来以上的打击已经是难以忍受了，不过对于卢梭来说还不算什么，更让他颜面扫地的是在他的定婚礼上发生的事。一个22岁的年轻人在订婚大喜那天，他的女朋友却牵着另一位年轻小伙儿的手对他说："对不起，我觉得，我们在一起不会幸福。"正沉浸在幸福中的他呆若木鸡，在亲戚朋友诧异的目光中真想找个地缝钻进去，这个人就是卢梭。

整个小镇都知道了他的事，年轻人决定逃离这个让他觉得生活在羞辱中的小镇。他发誓将来一定要风风光光地回到家乡，找回自己丢失的尊严。

果然，30年后，他已经成为伟大的文学家和思想家了。他的著作《忏悔录》《社会契约论》《爱弥儿》在欧洲引起了巨大的反响，他的名字——卢梭，享誉欧洲。在回到家乡的第二天，有位老朋友问他："你还记得艾丽尔吗？"卢梭笑着说："当然记得，她差一点儿做了我的新娘。""当初她带给了你莫大的羞辱，自己也没有好下场，这些年来，一直生活在贫困潦倒之中，靠着亲戚们的救济艰难度日。上帝惩罚了她对你的背叛"朋友对卢梭说。朋友本以为卢梭听到当初背叛自己的人落个悲惨下场后会感到高兴，然而卢梭却对他说："我很难过，上帝不应该惩罚她。我这里有一些钱，请你转交给她，不要告诉她是我给的，以免她以为我在羞辱她而拒绝。"

"你真的对艾丽尔没有丝毫的怨恨吗？当初，她可是让你丢尽了脸。"朋友用质疑的语气问。

"如果有怨恨，那也是30年以前的事儿，如果这些年我一直对她怀有怨恨，那我自己岂不是在怨恨中生活了 30 年，那对我有什么好处呢？就像我提着一袋死老鼠去见你，那一路上闻着臭味的岂不是我？”

也许正是抱着这样处世理念，才有了卢梭的伟大成就。

周杰伦听谁的

当今红透整个亚洲的人气天王周杰伦，高中毕业后，曾在一家餐馆当服务员。由于他的钢琴弹得很好，又会谱曲，餐馆老板发现后，就安排他做琴师，专门为客人现场弹奏钢琴。

沉默寡言的他每天要做的就是弹好钢琴，尽管他工作很勤奋，老板却一直对他不咸不淡，从没有给他额外的奖励。

这天，餐厅里格外热闹，一位客人包了半个场子举办生日party。场内喧闹声、叫喊声、杯盘相撞声不绝于耳，周杰伦却心无旁骛，专心致志地弹奏自己谱写的曲子，悠扬的曲调弥漫在餐厅的每个角落。突然，一个人用酒杯使劲敲打他的琴盖："小伙子，今天我过生日，你能弹奏一首欢快的曲子助兴吗？就《月光下的夜晚》吧。"一股酒气扑面而来，周杰伦知道这家伙喝了不少，但既然客人提了要求，自己也不好拒绝，于是他调整了一下情绪，翻开乐谱，准备演奏这首《月光下的夜晚》。可还没等他敲响第一个音符，另一个客人又东倒西歪地走了上来，大声嚷道："我今天喝多了，心里很烦躁，你给我弹个刺激点儿的行吗？"见周杰伦有点儿犹豫，他迅速从口袋里掏出一沓钞票"啪"地甩了过来，说："弹个刺激的，钱就归你了。"过生日的客人见状勃然大怒，也从包里掏出一大沓钞票，挥舞着对周杰伦说："凭什么呀，不就是钱嘛，你要是按我说的做，多少钱都行。"周杰伦左右为难，哭笑不得，两位客人却剑拔弩张，争执不下，一场"武斗"似乎不可避免。

紧张的气氛也影响到双方台下的朋友，助威呐喊声此起彼伏，有的人甚至激动地挽起了胳膊，场面眼看就要失控了。餐馆老板吓得面如土色，赶紧跑过来一会儿安慰这个，一会儿给那个赔不是，可任凭如何调解都无济于事，不知所措的老板只好盯着周杰伦看。

年轻的周杰伦也从没见过这样的场面，不过机智的他反应非常灵敏，马上微笑着说："两位老板都想听我的演奏，我非常荣幸，但这钱是绝对不能收的。"说着他拿起钱分别装回了两人的口袋。见两个人的情绪略微缓和了一些，周杰伦灵机一动，接着说："今天难得大家都很开心，不如我们做个游戏吧。现在我来弹奏几首乐曲，由你们来猜曲目，谁猜对得多，我就听谁的，怎么样？"两人一听这主意还比较公平，更重要的是都有了台阶下，于是欣然同意。游戏开始，聪明的周杰伦先弹了一首柔和的轻音乐，有意让过生日的客人猜中了，接着又弹了一首高亢的交响乐，另一位喝醉的客人也轻易猜中了。几曲下来，双方你来我往早忘记了到底谁猜中的多，反而在台下阵阵掌声的刺激下，伴着音乐相互对唱起来，餐厅里紧张的气氛顿时变得舒缓下来。一场点唱风波就这样平息了，餐馆老板长长地舒了一口气，感激地望着周杰伦，不禁对这个看似腼腆的年轻人刮目相看。不久，周杰伦就涨了工资。

两个女人，两样人生

人生的经验告诉我们，你的第一位导师是妈妈，第二位导师是学校的老师……，导师的言行深深地影响着每一位成长中的孩子。下面的两则故事，听起来让人心酸让人欣慰

她在初中的时候，语文出奇的好，但是数学很糟糕。好几次的考试都是不及格。为了对得起家里人，她硬是把数学题全部背了下来。三次小考，她全是满分！数学老师当然认为她是在作弊，可是这个女孩的倔强，并不懂得忍耐和保护自己，她对老师说：作弊，对我来说是不可能的，即使你是老师也不能侮辱我！结果，被冒犯的老师气急败坏的发了张根本没学过的题让她做，让她当场吃了鸭蛋，之后拿蘸了墨汁的毛笔在她眼睛周围花了两个大圆饼，让全班看又让她到走廊去里走了一圈！

这件事情的结果是：她在家休学自闭了7.8年；并对人生充满了悲观，一生始终被敏感和孤独包围着！尽管她一生走遍了48个国家，写了26部作品，成为了华语作家的领军人物，尽管如此，她还是走不出自己的阴影，直到生命结束的最后一刻！

我们假设一下，如果当年出现的是另外一个老师会怎么样？是不是会让这位才华横溢姑娘一生充满快乐呢。当然，不一样的处理方式一定会有不同的结果。

这位女孩在初中的时候语文出奇的好，但是数学也是同样出奇的糟糕.她自己戏称自己是数学盲，并且无药可救了！数学老师说的话和数学书上的东西对她简直就是天书！

终于到了初三，她只有补考数学才能参加毕业考试，她无可奈何的整夜不睡觉去背数学书！第二天上午上数学课，老师讲了一半，忽然停下来，在黑板上写了4道题让大家演算出来。这没头没脑的四道题在下午的补考前出现，又和现在教的一点关系没有，再笨的学生也明白老师的良苦用心。于是，她忽然成了全班最受怜爱的人，几个同学边笑边叹气地把四道题的答案写给她，教她背，她背会了3道，得了75分。终于参加了毕业考试，终于毕了业。后来，那堂课里老师和同学们关切和恋爱的眼神成了她生命中最温馨的回忆。

这里的第一个女主人公，就是三毛。第二个是席慕容。她俩都是人们很喜爱的作家。三毛很不幸，遇见的是一个忽视人格的，为了保留自己那点可怜尊严的老师，滥用的权利给了三毛致命的一击，使其终生不能复原。席慕容很幸运，她的老师没有因为她的短处而否定她，反而用自己的方式让她可以到自己擅长的领域去自由翱翔。我坚信三毛的让人心痛和绝望，席慕容平凡的外表下蕴藏着一颗对生活，家人和自己的诗画文章的眷恋与热爱，这些都和他们的那堂数学课有着一定的关系。

贫穷留给我的财富

李明博这样讲述自己青少年时代。回望这60多年，我从未走过舒适安逸的路。首先是因为生活的时代环境，其次是个人性格所致。另外，则是因为我一直无法抛弃“幸福世界”的梦想。我相信，所谓幸福的世界，就是社会安定、经济安乐以及透过文化而获得快乐。我之所以有这样的性格与理想，或许都开端于早年如影随形的贫穷。

我是在日本出生的。1945年祖国解放后，父母带着大姐二姐、大哥二哥、妹妹和我坐上了回国的临时客船。船上挤满了和我们一样心怀憧憬的韩国人。谁知，船行至半途，在大麻岛触礁沉没。一家人虽然都被救了上来，但父母在日本辛辛苦苦积攒的一点钱，全都被水冲走了……就这样，我们两手空空回到祖国，等待我们的是无边的贫苦。

回国那年我只有 4 岁，对故乡的最初记忆就是浦项市场街的贫穷。贫穷像石花壳一样紧紧贴在我们家身上，到我 20 多岁时还无法摆脱。

父亲出生在一户农家，是三兄弟中的老幺。家里的一小块地都分给了两个哥哥，因此父亲年轻时就离开了故乡，到处流浪。在颠沛流离的日子里，他学会了养猪和养牛的技术。

1935 年，父亲和几位老乡一起去日本闯荡，在大阪附近的牧场干活，靠着拼命劳作和节俭，终于攒下了几个钱。在日本暂且安定之后，父亲临时回国与母亲结婚。不久，他们便一起到了日本。

回国后，父亲在“6·25”事变之前找到了一份工作，在同志商业高中财团理事长所有的牧场上干活。母亲则在浦项市场一个偏僻的角落里卖水果。我从 5 岁起就是父母的小帮手了。

“6·25”事变爆发时，我还在上小学。那年，母亲带着我们 7 个孩子（弟弟是父母回国后出生的）到兴海大伯家避难，父亲则继续留在牧场上干活。我记得，那是一个炎热的上午，弟弟哭闹个不停，二姐就背着他在院子里玩耍。突然有飞机飞过的声音，紧接着屋顶上响起轰隆隆的爆炸声。不知道过了多久，可怕的声音终于停息了。可是，姐姐和弟弟呢？

家人惊恐地奔向院子，姐姐和弟弟倒在院子中央，额头、后背汩汩冒血，全身烧伤，惨不忍睹。

母亲几乎要昏厥过去。看两个孩子还有一口气，她疯了似的拼命往山上跑，采来草药敷在姐姐、弟弟身上——对于我们这样的穷人来说，买药是不可能的。但最终，姐姐和弟弟还是在痛苦中停止了呼吸。他们惨死的模样和母亲哀痛的神情，永远留在了我的记忆深处。从那以后，战争和南北分裂对我来说不再是抽象的概念。

父亲因战争失业后，我们一家人不得不搬到山脚下的一座寺庙里。那座寺庙是日本人以前建的，大家都叫它“赤山寺庙”。15个家庭挤在一间屋子里，连个生火的地方都没有。住在这里的当然都是穷困潦倒之人，从早到晚，打架的声音、喊饿的声音、临死的呻吟声不绝于耳，没有一天能睡好觉。每天我们全家人都得出去找吃的，但即使这样也很难填饱肚子。

那时候，我们家最主要的食物就是酒糟——粮食酿酒后剩下的渣子。作为家里最小的儿子，我每天都要去酒厂买酒糟，而且一定要买最便宜的那种，一天两顿都用酒糟充饥。因为酒精的原因，我全身一直是红红的。日后到公司工作，我之所以能在酒席上“胜人一筹”，或许就是小时候吃酒糟练出来的吧。我把它看成贫穷留给我的一种财富。

失去牧场工作的父亲后来在朋友的帮助下，开始做布料生意。这种买卖的“生财之道”全在量尺上。布料商告诉父亲：量布的时候要把尺子叠起来一点，最后再“大方的”让出一点送给顾客，如此这般才能赚钱。但是，父亲的秉性不允许他这么做。所有布料他都一寸不少地量给顾客，末了再免费赠送一点。父亲的这种即使在困境中也要凭良心做事的态度也在潜移默化地影响我。但是，当时还在念小学的我，最切肤的感受还是贫穷的苦涩。午饭时间，其他同学都在吃饭，而我只能拼命往肚子里灌水。水不能充饥的感觉，没有经历过的人又如何体会得到？

多年以后，李明博回想起来青少年时期的苦难经历，十分动情地说，这些经历是我以后成长的重要财富。

专心地做一件事情也是特长

莫泊桑于1850年8月出生在法国西北部诺曼底省狄埃卜城附近一个没落的贵族家庭。他的祖辈都是贵族，但到他父亲这一代时没落了，父亲做了交易所的经纪人。他的母亲出身于书香门第，爱好文学，经常对文学作品发表议论，见解独到。莫泊桑出生不久，他的父母由于经常闹矛盾而分居了，他和母亲住在海边的一个别墅里。幼年时的莫泊桑喜欢在苹果园里游玩，在草原观看打猎，喜欢和农民、渔夫、船夫、猎人在一起聊天、干活，这些经历使莫泊桑从小就熟悉了农村生活。从童年时代起，母亲就培养他写诗，到儿子成为著名作家时，她仍然是莫泊桑的文学顾问、批评者和助手，所以他的母亲是他走上文学创作道路的第一位老师。另一位为莫泊桑走上文学道路打下基础的是他13岁在卢昂中学学习时的文学教师路易·布耶。路易·布耶是一个著名的巴那派诗人，他经常指导莫泊桑进行多种体裁的文学创作。

1870 年，莫泊桑中学毕业后到巴黎入大学学习文学。这一年普法战争爆发，他应征入伍。在军队中，他亲眼目睹了危难中的祖国和在血泊中呻吟的兵士，心里十分难过，他要把自己的所见所闻写下来，以激发人们的爱国热情。1871 年，战争结束后，莫泊桑退役回到巴黎。

1878 年，他在教育部工作之余开始从事写作。那时，他的舅舅的同窗好友，大文学家福楼拜成为莫泊桑文学上的导师，他们两人结下了亲如父子的师徒关系。莫泊桑通过自己的导师，认识到了许多社会名人，福楼拜决心把自己创作的经验传授给莫泊桑。莫泊桑非常尊重严师的教诲，每篇习作都要送给福楼拜审阅。福楼拜一丝不苟地为他修改习作，对莫泊桑的不少作品表示赞赏，但劝他不要急于发表。因此，在 70 年代里，莫泊桑的著述很多，但发表的却很少。

当年，莫泊桑拜师时的精彩对话成就了两人的伟大友谊。

一天，莫泊桑跟舅父去拜访他的好友——著名作家福楼拜。舅父想推荐福楼拜做莫泊桑的文学导师。可是，莫泊桑却骄傲地问福楼拜究竟会些什么？福楼拜反问莫泊桑会些什么？莫泊桑得意地说：“我什么都会，只要你知道的，我就会。”

福楼拜不慌不忙地说：“那好，你就先跟我说说你每天的学习情况吧。”莫泊桑自信地说：“我上午用两个小时来读书写作，用另两个小时来弹钢琴，下午则用一个小时向邻居学习修理汽车，用三个小时来练习踢足球，晚上，我会去烧烤店学习怎样制作烧鹅，星期天则去乡下种菜。”说完后，莫泊桑得意地反问道：“福楼拜先生，您每天的工作情况又是怎样的呢?”

福楼拜笑了笑说：“我每天上午用四个小时来读书写作，下午用四个小时来读书写作，晚上，我还会用四个小时来读书写作。”莫泊桑不解地问：“难道您就不会别的了吗?”福楼拜没有回答，而是接着问：“你究竟有什么特长，比如有哪样事情你做得特别好的?”这下，莫泊桑答不上来了。于是他便问福楼拜：“那么，您的特长又是什么呢?”福楼拜说：“写作。”

原来特长便是专心地做一件事情。莫泊桑听后为之一震，他下决心拜福楼拜为文学导师，一心一意地学习读书写作，经过了数年的努力，最终取得了丰硕的成果。

自从他拜师福楼拜之后，每逢星期日就带着新习作，从巴黎长途奔波到卢昂近郊的福楼拜的住处去，聆听福楼拜对他前一周交上的习作的点评。福楼拜对他的要求非常严格，首先要求他敏锐透彻的观察事物。莫泊桑遵从师教，逐渐善于发现别人没有发现过和没有写过的特点”，后来，当他在谈到作家应该细致、敏锐的观察事物时，说必须详细的观察你想要表达的一切东西，时间要长，而且要全神贯注，才能从其中发现迄今还没有人看到与说过的那些方面。为了描写烧的很旺的火或平地上的一棵树，我们就需要站在这堆火或这棵树的面前，一直到我们觉得它们不再跟别的火焰和别的树木一样为止。”

一次，福楼拜还建议莫泊桑做这样的锻炼，骑马出去跑一圈，一两个钟头之后回来，把自己所看到的一切记下来。莫泊桑按照这个办法锻炼自己的观察力有一年之久。此外，福楼拜还让他听街上的马车声来训练观察力。1880 年，莫泊桑的成名作《羊脂球》发表了，它使莫泊桑一鸣惊人，读者称他是文坛上的一颗新星。从此，他一跃登上了法国文坛。

剩者为王，你会坚持吗?

她成为了当今著名大学的知名专家，受聘当著名企业的高级主管，这确出乎我和与她相识的的几乎所有人的意外。她和我同村，是儿时的玩伴。我们一起上学，巧得很，从小学到高中，我们又被分在同一个班里，做了12年同学。

她的成绩一直不算太好，我记得很清楚，小学阶段她的成绩中游偏下，从未被选出参加过各类“竞赛”；中学阶段她还是那样默默无闻，尽管挺刻苦，成绩却毫不出色。

但到县一中读书时，我们村当年成群结队的身影仅却剩了我们四个，只她一个女孩子。高中三年是最艰苦的阶段，后来，她把每月一次的探家假也省了，每次都让我给她捎点饭费回来。尽管如此，直到最后模拟考试，她的成绩才中下游勉强挪到了中上游。

凭她的成绩考一本科几乎不太可能，只能考虑本市的高专。高考下来，出人意料的是她居然“骑”在了本科线上，并被外省的一个名不见经传的三流学院录取了。尽管她成了班里高考的“黑马”，但所有的人都不看好她的前途和专业。

那年我们四个人，一个落榜后外出打工，一个考了专科，我在本省读书，她去了西安。

一晃大学毕业了，我的专业热门很快找到了工作，她找了几个月工作也没有合适的，整天和父亲去大棚浇菜。一次回家，我在街上遇到她，她觉得很不好意思，说工作不好找，打算考研，可没把握。我知道她的英语四级考了三次才勉强通过，考研对她来说的确有难度，但我还是敷衍说不如试试，不行也就死心了。

第二年春天，她居然考取了西北工业大学的硕士研究生，很是让我吃了一惊。研究生应该压力比较小了，别人打工、谈恋爱，她却抱着书本啃，很多次在网上聊天时她都说“学习很吃力，争取按时毕业”。我想，凭她的天资，要想顺利毕业肯定要下番功夫才行。

大概是别人的倦怠成就了她，毕业时她因为成绩优秀，又被保送博士连读。这次她真的退却了，用她的话说“太难，越读越害怕”。她的父亲非常生气，以断绝关系相要挟，“多光宗耀祖的事儿啊，一定要去读”。就这样，她被迫回到学校。为了早日毕业，她心无旁骛，丝毫不敢放松……

那年春节，我们在老家凑一起打扑克，她如释重负地说“本师太再有半年就度出苦海了”，我们大笑。中午吃饭时她的手机响了，是导师打来的，让她立刻返回学校，有件很重要的事……

原来她被学校推荐公费赴美留学！名额定下了。所有认识她的人都被震动了。她自己也有些意外，电话中还在同导师语无伦次地说，真的是我吗？真的吗？放下电话她还在叨咕着，申报的人很多，比自己优秀、成绩好的人也很多，为何导师和学校最后力荐自己呢？她自己倍感意外。

我特地在网上查过，她将留学的那个大学高分子材料学世界排名第一。

三年间，她很本分地做学生，勤恳地做试验，毕业时已经在国际权威杂志上发表过几篇很有分量的论文，成了业内年轻的知名专家。

去年，她刚回国，就被一家德国公司以年薪 12 万美元聘走了……

听到这个消息后，我很高兴，特地翻出那些以前的毕业照，小学毕业照上有她，初中毕业照上有她，高中毕业照上还有她，她似乎喜欢站在最边上。我想在她的影集中肯定还有大学毕业照、硕士毕业照、博士毕业照、留学时代毕业照，在那么多熙来攘往的同学中，最后只有她始终站在那里微笑着！

她的故事让我感慨，尽管你不是最优秀的，但只要你能始终如一地向着目标前进，在激烈的竞争中没被淘汰出局，度过寒冬，坚持到最后，你就是胜利者。一个人如此，一个企业，一个民族不也是这样吗？

美国总统林肯的艰辛经历

自己对自己的总结：家境贫寒，母亲早亡，孤苦奋斗，厄运不断。两次经商两次失败，十一次竞选八次失败。为此也曾经心碎过、痛苦过、崩溃过。有好多次，都绝望之极，担心自己会不会再爬起来。自己对自己的评价：虽然心碎，但依然火热；虽然痛苦，但依然镇定；虽然崩溃，但依然自信。因为我坚信，对付屡战屡败的最好办法，就是屡败屡战、永不放弃。他就是林肯，美国第十六任总统，一个令全世界都为之叹服的伟人。

1809 年，林肯出生在寂静的荒野上的一座孤独的小木屋。7 岁，全家被赶出居住地。经过长途跋涉，穿过茫茫荒野，找到一个窝棚。9 岁，年仅 34 岁的母亲不幸去世。17 岁，已经什么农活都能干了，经常帮人打零工。18 岁，自己制作了一艘摆渡船。1831 年，22 岁，经商失败。23 岁，竞选州议员，但落选了。想进法学院学法律，但进不去。24 岁，向朋友借钱经商，年底破产。接下来花了 16 年，才把这笔债还清。25 岁，再次竞选州议员，竟然赢了。26 岁，定婚后即将结婚时，未婚妻死了，因此心也碎了。27 岁，精神完全崩溃，卧病在床 6 个月。29 岁，努力争取成为州议员的发言人，没有成功。31 岁，争取成为被选举人，落选了。34 岁，参加国会大选，又落选了。37 岁，再次参加国会大选，这次当选了。39 岁，寻求国会议员连任，失败了。40 岁，想在自己的州内担任土地局长，被拒绝了。45 岁，竞选参议员，落选了。47 岁，在共和党的全国代表大会上争取副总统的提名，得票不到 100 张，失败了。49 岁，再度参选参议员，再度落选。1860 年，51 岁，当选美国总统。1865 年 4 月 14 日？ 56 岁？ 被刺身亡

林肯不仅坚忍不拔，而且还很机智幽默。青年时代的林肯在伊利诺斯州的圣加蒙加入了民兵。他的上校指挥官是一个矮个子，而林肯的身材特别高大，大大的超过了这位指挥官。由于自己觉得身材高，林肯习惯于垂着头、弯着腰走路。上校看见他那弯腰曲背的姿势十分生气，把他找来训斥一顿。

“听着，”上校大声喊道，“把头高高地抬起来，你这个家伙！”

“遵命，先生。”林肯恭敬地回答。

“你的头要高高地抬起来，你这家伙，”上校坚持己见，“要再抬高一些。”

林肯只得把身体挺直，脖子伸得长长的，问道：“这样可以吗？”

“还要再抬高点。”上校说。

“是不是要我永远这个样子？”林肯问道。

“当然，你这个家伙，这还用问吗？”上校冒火啦。

“对不起，上校，”林肯面带愁容地说：“那么只好与你说声再会啦，因为我将永远看不见你了！”

1843年，亚伯拉罕·林肯作为伊利诺斯州共和党的候选人，与民主党的彼德·卡特赖特竞选该州在国会的众议员席位。卡特赖特是个有名的牧师。他为了战胜竞选对手，便利用自己的有利地位，大肆攻击林肯不承认耶稣，甚至诬蔑过耶稣是“私生子”等，搞得满城风雨，林肯在选民中的威信骤降。林肯却胸有成竹，决心挫败对手。有一次，林肯获悉卡特赖特又要在某教堂作布道演讲了，就按时走进教堂，虔诚地坐在显眼的位置上，有意让这位牧师看到自己。卡特赖特一眼便看到了他，他一阵高兴，认为好机会来了，他要让林肯当众出丑。

当卡特赖特演讲进入高潮时，突然对信徒们说：“愿意把心献给上帝，想进天堂的人站起来！”信徒全都站了起来。唯独林肯没站。“请坐下！”卡特赖特继续喃喃祈祷之后，又说：“所有不愿下地狱的人站起来吧！”教徒们又霍然站起。林肯又未站起。这时，牧师用特有的神秘而严肃的声调说道："我看到大家都愿意把自己的心献给上帝而进入天堂，我又看到除一人例外。这个唯一的例外就是大名鼎鼎的林肯先生，他两次都没有作出反应。林肯先生，你到底要到哪里去？"林肯从容地站起来，面对卡特赖特平静地说："我是以一个恭顺听众的身份来这儿的，没料到卡特赖特教友竟单独点了我的名，不胜荣幸。我认为：卡特赖特教友提出的问题都是很重要的，但我感到可以不象其他人一样回答问题。他直截了当地问我要到哪里去，我愿用同样坦率的话回答：'我要到国会去。'" 在场的教徒们被林肯的雄辩风趣的语言征服了，甚至忘记了自己身处教堂而热烈地鼓掌。卡特赖特望着这场面，十分狼狈。

野草只是没被发现用处的植物

1819 年 5 月 31 日，他生于美国长岛一个海滨小村庄。5 岁那年，他们全家搬迁到纽约布鲁克林区。父亲在那儿做木工，承建房屋，他在那儿也开始上小学。由于生活穷困，他只读了 5 年小学，便辍学在印刷厂做学徒了。工作虽然辛苦，却没有阻止他爱上浪漫的诗歌，他发疯一样，没日没夜地写。

1855 年 7 月 4 日，他自费出版了第一本诗集，初版印了 1000 册。薄薄的小书只有 95 页，包括十二首诗和一篇序。绿色的封面，封底上画了几株嫩草、几朵小花。他兴奋地拿了几本样书回家。弟弟乔治只是翻了一下，认为不值得一读，就弃之一旁。他的母亲也是一样，根本没有读过它。一个星期之后，他的父亲因风瘫病去世，也没有看过儿子的作品。

拿出卖，很可惜，一本都没卖掉。他只好把这些诗集全都送了人，但也没有得到好报。著名诗人朗费罗、赫姆士、罗威尔等人则不予理睬，大诗人惠蒂埃把他收到的一本干脆投进火里，林肯看后，也险些给家里的女流们烧掉。

社会上的批评更是铺天盖地，对他一大堆臭骂。伦敦《评论》报认为“作者的诗作违背了传统诗歌的艺术。他不懂艺术，正像畜生不懂数学一样。”波士顿《通讯员》则把这本诗集叫做“浮夸、自大、庸俗和无聊的杂凑”，甚至骂他是个疯子，“除了给他一顿鞭子，我们想不出更好的办法。连他的服装、相貌都成为嘲笑的对象，“看他那副模样，就能断定他写不出好诗来。”

铺天盖地的嘲笑和谩骂声，像冰冷的河水，浇灭了他所有的激情。他失望了，开始怀疑自己：我是不是根本就不是写诗的料？就在他几近绝望时，远在马塞诸塞州康科德的一位大诗人被他那创新的写法、不押韵的格式、新颖的思想内容打动了。他随即写了一封信，给这些诗以极高的评价：

“亲爱的先生，对于才华横溢的诗集，我认为它是美国至今所能贡献的最了不起的聪明才智的精华。我在读它的时候，感到十分愉快……我很想会见使我受到教益的人，并想定下一个任务，去向您致敬。”

这真诚的夸奖和赞誉，一下子点燃了作者心中那将要熄灭的火焰。与无数封诋毁甚至谩骂的信相比，这封唯一的赞美信成了诗人的精神支柱，他暗下决心，一定要坚持下去。他从此坚定了自己写诗的信念，一发而不可收。1856 年 9 月，增订的诗集第 2 版问世，共有 384 页。直到 1892 年，他去世时，诗集已经出到第 9 版，里面所收的诗歌也由最初的 12 首发展成近 400 首。

他成为具有世界声誉和世界意义的伟大诗人，他唯一的诗集也成了美国乃至人类诗歌史上的经典。他就是现代美国诗歌之父——瓦尔特·惠特曼。那部诗集的名字叫《草叶集》。而当年那位写信对他予以赞美和鼓励的诗人叫爱默生。

我想，惠特曼最后能够成为享誉世界的大诗人，除了他的天才、勤奋与坚韧之外，与爱默生的欣赏和鼓励是分不开的。

有人说，欣赏是阳光，它能使将要跌入生活暗处的人，因为有了光亮的指引，获得前进的勇气，走进明媚的未来。

有人说，欣赏是良药，它能让一个濒临失败的人恢复信心，可以让一个活力消失的人再现惊人的战斗力。

爱默生曾说："在我的眼里，没有野草，野草只是还没有被发现其用处的植物。"是的，任何事物经过挖掘都会成为有用的东西。

保持前进的动作

上中学时人们总是喜欢把大学比作象牙塔，似乎进了大学就是人生的终极目标，进了大学后我们也似乎理所当然的放松了，在短短一年里经历了极度的紧张和极度的放松。我们沉醉在无忧无虑的大学生活中，每天以上网、聊天、臭美来挥霍那些似乎用不完的时间，好像要把那些因为考大学而占用的玩的时间都补回来。而那些曾经让我们充满优越感的成绩不好的，被挤下独木桥的落榜同学没有我们这般“幸运”，他们每天奔波于似乎已近于我们隔绝的嘈杂社会，但有的甚至已经开始小有成就。可是我们的放松甚至放纵被看做理所当然。

我们会想，他们应该奔波，因为他们曾经不努力，我们应该享受因为我们曾经努力。而一切都已经是曾经，我们像在演绎一场龟兔赛跑的寓言故事。我们像那只骄傲的兔子一样摆着舒服的姿势看着后方那只奋力向前冲的人们，慢慢沉醉在梦中。而我们的优势在睡梦中一点一点流失。

像所有的年轻人一样，我们有骄傲的自尊和十二分的自信，有藐视一切困难的豁达态度，同时也会有懒惰和颓废甚至是堕落的时候。我们可能会懒于挑战懒于上进，在百无聊赖的慢节奏大学生活中荒废。忽视了对手的动态和外界的竞争，从而逐渐变得脆弱不堪一击。

不少人都听说过著名指挥家达姆罗施的一则故事。美国著名指挥家、作曲家沃特尔·达姆罗施。二十几岁时他就已经当上了乐队指挥。智慧是乐队的灵魂，年纪轻轻就担任这么重要的职位达姆罗施却没有忘乎所以。他曾这样告诉人们：

“刚当上指挥的时候我也有些头脑发热，自以为才华盖世没人能取代。”

“有一天排练，我把指挥棒忘在家里。正准备派人去取时，秘书说，没关系，问乐队其他人借一支就好。”

“我心想，除了我谁还可能带指挥棒？但我还是随便问了一句。”

“可话音刚落，三根指挥棒已经递到我面前，大提琴，首席小提琴和钢琴师每个人都从口袋里掏出一根指挥棒。”

“我一下清醒了，原来我不是什么必不可少的人物，很多人都在暗暗努力准备取代我。”

“以后每当我想偷懒，飘飘然的时候，就会看到三根指挥棒在眼前晃动。”

为人尚且如此，我们并没有才华盖世，如果我们不继续强大，我们对大部分人来说只是前进途中的小小障碍。已经跑在我们前面，即将跑在我们前面，决心要跑在我们前面的人比比皆是。而这条路并不是一条平直的轨道，它是一条逆流的大河，逆水行舟不进则退，没有人可以永远站在原来的位置，如果我们不努力，每一分每一秒都在顺流而下，而且再次发力便是异常艰难的事情。

请让我们永远保持前进的动作，永远记得三根指挥棒的影子。永远不放弃那些美好的追求，让我们在大学路上走得更加美好。

张大中的华丽转身

人生不会一帆风顺，常常“行至水穷处”。所以，能够预知未来，是智慧；若预测到前方是绝路，主动给自己画上一个句号，便是大智慧。“北京电器大王”张大中，就是这样一个善于给自己画句号的人。

1982 年 4 月，张大中凭借自己加工落地灯所赚到的几百元，大胆地开了一家“张记电器加工铺”，专门生产音响放大器，生意火得很。平时他得在单位上班，周日才能赶来管理。生意做大了，明显就招架不住了。两边跑，两边都不讨好，勉强支撑了半年。年底，他向单位领导递交了辞职信。他在信中说：“由于这份工作不符合本人理想，我决定辞职，请供销社领导予以批准。”在当时，这可是天大的事，人家削尖脑袋还进不了国营单位，他居然如此轻易地辞职。供销社的领导、他的岳父岳母，都极力劝阻他别丢掉这个“铁饭碗”，否则会后悔一辈子的。

但他坚持：“那种生活，你坐在那里，一眼就能看到自己50岁后的样子，掐指一算就能算出自己一辈子的工资，简直让人绝望。如果不出来，那才会后悔一辈子呢。”不顾众人反对，他为自己画上了人生第一个重大的句号。

后来，张大中的铺子业务拓宽了，进入了音箱制造、安装等领域。再后来，铺子改成了“金钟音响厂”，直到现在生意仍然红火，用张大中的话说，“每年能赚辆奥迪的钱”。

在北京，从事制造业不如从事商业。经过一段时间的深入考察，张大中得出一个结论：“北京是一个消费型的城市，制造业的利润太低，资金周转周期太长，做电器原配件销售赚钱更容易。”于是，他将自己的生意，翻开了新的一页，将主要精力转到电子原配件的销售上。

灵镜胡同8号，是张大中的“生意经”写下浓墨重彩一笔的地方。1986年，张大中在这里开设了第一家电器原配件门店。虽然只有十几平方米，但生意非常红火，一年不到，他就积攒了四五万元。

正当生意跑火的时候，全民卡拉OK热带动了电子原配件、音响等一些电器生意。但是，偌大一个北京城，没有一家音响卖场大到能够把所有的品牌、零配件集中到一起卖，都是十几平方米、几十平方米的小店。张大中决定搞一把大的，生产方面可以停一停，销售方面，则必须大张旗鼓。

1993 年，张大中的大手笔——玉泉路的“大中音响城”开张了。半年之后，这个大音响城在京城老百姓中间就有了名气。大家都知道，玉泉路有个最大的音响城，里面的音响一应俱全，选择余地大。

随着时代的变化，张大中的店里，家电品种越来越多，品牌越来越强。他在北京城里，到处复制玉泉路店的模式，渐渐地，做成了北京市场最大的家电连锁企业，成了名副其实的“北京电器大王”。

2002 年，张大中将自己的店面开在中央电视塔旁。这个位于玉渊潭公园西门对面的中塔店，是三环上惟一一个有大面积停车场的家电卖场。开业后，连续几年的销售额都在 10 亿元以上，2007 年高达 20 亿元。这是大中电器所有门店中盈利能力最强的一家。

谁都没有想到，接下来，张大中又想给自己如日中天的大中电器，画上一个圆满的句号——他要卖掉自己一手创造的电器帝国。

在张大中看来，家电连锁企业已经进入了整合期，区域性家电连锁店的前景堪忧，“不能等到企业经营得狼狈了才卖。”他决定退出了，但必须风风光光。2007 年 10 月，在和国美谈判时，张大中对黄光裕说：“你必须比苏宁高 8 个亿，否则我宁愿 30 亿元跟苏宁谈，也不跟你谈。”最终，张大中把2 亿元固定资产的大中电器以 36 亿元的价格，卖给了国美。这一年，张大中向国家交纳 5.6 亿元税金，成为国内一次性缴纳个人所得税最多的纳税人。

为自己的生意画上句号，张大中也完成了人生的华丽转身。如今，张大中坐在北京西郊的青清商厦 3 楼办公室里，他新创立了大中投资公司，正式进军资本市场。

转身，蕴藏着新的转机。

人生很漫长，懂得适时给自己画上一个句号，开拓新的疆土，就可以续写更多更好更完美的篇章。

从第一梦想做起

她是我们自记忆中无法割除的一抹印记，自二十多年前，香港电视剧首度走入到我们视野中时，我们就记住了她的名字。《上海滩》里的冯程程一角，成为她特有的代名词，自此她成为了内地年轻男女们的银屏偶像，不知不觉中就享有了万千崇爱。她的美，成为流行的美，她的绰约，成为憧憬的雅致。

虽然那段记忆已经时隔二十多年，但也正如她不改的容颜一般，丝毫不见半点褪色。有着二度婚姻的曲折经历，如今早已是三个孩子母亲的赵雅芝，没有任时光肆虐，抖落尽身上的万种风情。她自信能做一生的完美女人，因为她有一份年轻而向往美丽的心在，她自信仍旧能够在银屏上绰约婉转一如往昔，因为她的心灵世界已然将岁月的痕迹远远地抛在了身后。

从空姐到明星。小时侯的赵雅芝，并没有把志向想象得那么远大，没有想象会有天成为万众瞩目的当红明星。那时侯的梦想很单纯，只是想有机会周游世界，所以就在自己的作文中写到，想要做一个空姐。结果这个愿望很容易就实现了，走出校园后，天生丽质的她，很容易就得到了自己的第一个人生梦想，成为了国际航班的空姐。人生际遇多变幻，虽然说实现了自己的初时梦想让自己已经知足，但是谁又能意料到接踵而来的意外红运呢？她可以把自己的梦想再放大一点，走出飞机那一方小天地，用自己的美丽带给更多人快乐，娱乐圈应该是她很好的选择，而凭借她出众的个人条件，是绝对可以迅速崛起在香港这一方小小而混杂的娱乐天地的。

在正式签约做空姐之前，她随培训班集体在日本受训，学了日文、急救、游泳等技能，更学会了仪态的保持，对化装、仪容、打扮也有所精通。结果这些技能在后来果真有了用武之地，在 1973 年第一届香港小姐的大赛当中，赵雅芝听从了妈妈的推荐，去参加了评选，结果获了第四名的成绩，自此才有缘踏入电视台，成为签约艺人。

赵雅芝自言说，那时候自己最大的收获，就是学到了一些出台的经验，怎样面对观众，怎样面对突如其来的难题。她说自己没有折桂的最大原因，是在于自己的紧张与生涩，在选美现场回答主持人提问时，穿了一条迷你短裙的她，说自己喜欢长点的裙子，这样的回答让自己给人以表里不一的错觉，所以失掉了许多分数。有此次的失败，才会体会到日后成功的珍贵，以后走进娱乐圈的赵雅芝，做人做事会很自然地把前后因果想得周全妥帖，不让昔日的错误重犯。所以，她才会一步步迈向成功的坦途，步入璀璨人生的辉煌一端。

从“富贵不全”到“富贵无边”

中国古代有一则这样的小故事，内容简单，流传很广。一位老员外，特别喜欢牡丹花，他在庭内庭外都种满了牡丹。一天老员外采了几朵牡丹花，送给邻里相处得很好的一位老翁，老翁很开心地插在了自家的花瓶里。

隔天，一位邻居来老翁家做客，看到了瓶里的花，他激动地对老翁说：“你的牡丹花，每朵都缺几片花瓣，这不是富贵不全吗？”

他这一说，老翁也觉得不妥，就把牡丹花全部还给了老员外，并如实地告诉老员外那位邻居说的关于富贵不全的事情。老员外忍不住笑道：“牡丹花缺了几片花瓣，这不是富贵无边吗？多好的吉利事啊！”老翁听了员外的话。颇有同感，又选了更多的牡丹花，开心地走了。

建国以后，现实中也曾发生这样的真实的故事。

俞仲林是我国著名的国画家，以擅长画牡丹而闻名。一天，有一为年轻人慕名前往，并花钱买了一幅由俞先生亲手画的牡丹，甚是高兴，回去装裱起来便把它挂在了自己的客厅里。

过了一段日子，一位朋友来年轻人家玩，看到这幅画后，以为不吉。为什么呢？他说，这朵牡丹没有画完全，牡丹是富贵，缺了一边，这就成了“富贵不全”了。

买画人细一看，果不其然，确实缺了一个边，心里感觉不爽。于是，他就拿着这幅画去找俞先生，请他再重画一幅。俞先生听了原委后，笑着说：年轻人“你这画很好啊！牡丹代表富贵，缺了一边，那不就是‘富贵无边’了吗？”来人听闻此言，便笑着又把画捧回去了。

这个故事告诉我们，良好的心态非常的重要。同样的事物，不同的心态会得出不同的结论。同样一件事情，角度不同、看法不同，就会产生不同的认知。只要我们凡事多往好处想，就会少生烦恼、苦恼，而多有喜乐、平安。

两人同时望向窗外，一人看到星星，一人看到污泥。现实生活中，我们有些人，总是用“寻找问题”的眼光去看事物，于是总是发现各种各样的问题，带来的也总是各种各样的不愉快。反之，我们还有更多的人，总是用“寻找美好”的眼光去看事物，于是总是发现各种各样的美好，带来的也是各种各样的快乐。

从某种意义上说，决定事物好坏，并不完全取决于事物本身，而是取决于我们的心态。心态好，则一切美好；心态不好，则一切不好。

有智慧的人，不会和不同角度的人争吵.每个人站的角度不同，说话的方式自然有所差异，不管意见和你是否接近，每个角度的意见都值得去采纳。

亲爱的朋友，多往积极的层面去思考，你会发现自已充满活泼朝气，学到的知识更多，任何问题都浮现着隐约的答案。

人， 重要的不是你站的角度，而是你思想的角度。

稳重敬业的梁朝伟

梁朝伟自小父母离异，家境贫寒。15 岁辍学，曾先后当过报童、会计，卖过电器。1982 年在好友周星驰介绍下，入无线电视艺员练习班，成为一名电视演员。梁朝伟绝对是香港电影的代表人物之一，他曾经四度夺得电影金像奖的最佳男主角，两度夺得电影金马奖最佳男主角，即使天王刘德华对他也赞不绝口，经常玩笑地说要和他相争高下，而梁朝伟也和刘德华同样，拥有着华语影坛 亿万粉丝的良好爱戴！常言道俗尘万事皆源于因果，梁朝伟那沉稳忧郁的魅力气质，同样涉及到他那多年来世人难以猜测不完整的家庭身世和成长历程！

梁朝伟一九六二年的六月二十七日，出生于香港经济正处于腾飞的初期，香港市民开始逐步享受到经济繁荣的益处！梁朝伟的父亲原本是个非常聪明的男人，但是由于生活于社会底层而没有强大经济基础，于是便将致富发达的希望寄托于市井的赌博行业，逐步他开始滥赌成性，赌输之后就郁闷酗酒，喝得烂醉返回家中喧闹！梁朝伟的童年岁月，几乎在父母经常激烈的争吵中度过

当然，梁朝伟相对美好的记忆就是他与父亲下棋的印象，偶尔父亲身上没有赌资，同时也没有完全被酒精麻醉的时候，他就和儿子兴趣浓厚地下棋，而梁朝伟后来对棋艺的痴迷，也算是当年父亲无意中培养出来的。

梁朝伟小时候是个聪明而调皮的孩子，在学校里的各门功课成绩都很好，每次各类考试他总是名列前茅！但是梁朝伟的调皮捣蛋，也是让妈妈最伤神的事情，经常梁朝伟在学 校和同学打架被家长们闹上门来，而学校也常常将妈妈请去。逐步地梁朝伟的妈妈发现；原来这些基本都是因为儿子自尊心太强，如果有别的同学挑战他的自尊心，他就会以武力解决这件事，哪怕他明知根本打不过别人！梁朝伟十岁左右时，父亲开始常常外出不归，有时几个月甚至一年，妈妈也不知道父亲会在什么时候从这个家里消失，同时伟仔更无法期盼到父亲在什么时候突然返回出现！

梁朝伟父亲的离家出走，或许与梁朝伟妈妈的感情不合而经常吵架有关系，但无论如何父亲经常无故离家不归，这对孩子的精神打击是无法预料的！梁朝伟曾经回忆说：我记得我小时候原本是一个很调皮、很快乐的小孩……但是后来，我就突

然不讲话了。我记得我爸爸是一句话也没有就走了。……他一句话都没有讲，我也完全不知道到底发生什么事。就这样，一直到现在……自己很小的时候就很自闭，觉得很烦而不愿面对自己的家庭，也不愿向别人坦露心扉，尤其当时学校的老师经常让每个孩子，当着全班同学的面讲述我的家庭时，使得小伟仔倍感压抑！逐步他变得越来越敏感，只要有同学提到他的爸爸妈妈，他基本就要和同学大打出手，甚至别人说起自己的妹妹也绝对不行！父母离婚后，母亲带着两个孩子生活，当时日子艰难的绝非可以想象！而父亲的状况也没有能力帮助他们，最后妈妈带着他们无奈地搬去舅舅家里！

原本我是个挺闷的人，一段时间不求上进、任性，又孩子气。我会觉得人总要想办法去对付自己，梁朝伟说。

突然有一天我觉得：‘啊！不能总这样下去，是不是该有计划一点？对！没错！’就这样，觉得颓废够了，就出来了。

因为我发现如果不是很有方向，如果一直没有推自己的时候，你很难发挥自己潜在的很多能力。

生命是一种行走，坚持走下去

罗伯斯是古巴著名的田径运动员，他被誉为古巴运动史上最伟大的英雄。在巴黎黄金联赛上，他创造了12秒88的成绩，一举打破了刘翔所保持的世界记录。

然而很少有人知道，两个月前，他还经历了一次死里逃生。

生活中的罗伯斯喜欢旅游，他从小的理想就是做一次环球旅行。2008年5月，他认为时机终于到了。背上厚厚的旅行包，他坐上了到埃及的飞机。

下了飞机，他没有坐汽车，而是选择了一路小跑。凭着良好的身体素质，不出半日，他就前进了30英里。

然而，他没有料到，一股巨大的旋风竟然会在他身后五百米外形成，并以箭一般的速度向他扑来，来不及思索，他本能地往下面一倒，但还是没能幸免被卷入旋涡中。

半个小时后，他才从昏迷中醒过来，他被带到了另一片沙漠里，地上一片狼藉，除了一瓶水和一些散落的饼干，他发现风暴什么也没给他留下。更为糟糕的是，他迷了路，他不知道眼前这一片浩瀚的沙漠，他何时能走出去。

吃了一点饼干，等身体恢复些力气，他开始起身。此时的罗伯斯清楚地知道，不管有多么艰难，他都必须走出去，否则将永远没有在“鸟巢”一展雄风的机会了。

下午，天气变得异常炎热，他渴得厉害，但他一直忍着，只有在感觉难以支持的情况下，才小心翼翼地打开水瓶，轻微抿一口，然后，快速地盖上。

一个下午加一个晚上，他不知道自己走了多远，第二天天亮的时候，他依然看不见尽头。前后左右，都只有讨厌的黄沙相伴。

与炙热的气温搏斗，与随时席卷而来的龙卷风斗智斗勇。就是在这样恶劣得让人难以置信的环境里，罗伯斯整整坚持了十天。

最后一天的行走，他突然看见沙坡的对面有个巨大的湖泊。几乎是随着一声尖叫，他像狼一样奔过去。前面是一段水草地，他大踏步走过去，他没意识到灾难再次来临。直到身体猛然往下面沉，他才慌了，他越是挣扎，就越陷得厉害。

他忽然想起小时候看过的《长征》，脑子里立刻冷静下来。

他尽量把身体展开，以此增大身体的浮力。五分钟后，他听到不远处有人说话的声音。他大声呼叫起来，很快他就听到了对方的回答。

他得救了。

在医院休整了两天后，他给父亲打了个电话。

面对闻讯而来的媒体，他深有感触地说："这十天比我二十年的收获还要多，因为我学会了一步步的生活。我永远都不知道出路会落在脚下的哪一步，所以我只得向前，再向前。我至此才深深明白，其实，每个生命都是一种行走，坚持走下去，方才有自己的出路，做人是这个道理，做事也是这样！"

爸爸的道德钱包

有一天，我和伙伴们坐在远离家门的树阴下，家里人根本看不到我。有人给了我一根烟。这不是机制香烟，而是根“絮絮”烟，是用一种完全没有烟味的巴西出产的干菜叶做的，巴西的孩子拿纸卷起来抽，就和美国孩子用玉米须做的卷烟一样。我小心地看了看四周，谢勒斯提和安布洛辛娜都确实不在附近，我才鼓足勇气把烟点着了。这不是我第一次吸烟。但我从来没有把烟吸进去，这次我想试试。我们聊得很起劲，天南地北，也记不起谈了些什么，大概不外乎是足球和女孩子吧。我的警觉性不免放松了些，抬头一看，父亲刚好走过。他向我们招了招手，没说一句话就走过去了。

我把半截烟往地上一按，脸都吓白了：“天呀！回家后够我受的了！”

一个同伴嘲讽说：“有啥可受的？他没看到你吸烟。”另一个又说：“要是他看到了，现在你也不会坐在这里了。他早就拧着你的耳朵拖你回家了！”

他们说得好像也有理，我当然希望他们的乐观看法是有根据的。但我一回到家，就明白不是那么回事了。父亲马上把我叫了过去。我觉得奇怪的是，他的声音十分平静，就像在和我讨论最近的一场足球赛一样。

“我看到你抽烟。”

我没说话，因为我无话可说。我只是站在他的跟前，东张西望，就是不敢碰他的目光。他一直保持着耐性。

“我有没有看错？”

“没，没有。”

“你抽烟有多久了？”

他还是非常平静，就像是在问我擦皮鞋擦了多久、上学上了多久似的。这是不是暴风雨前的那种宁静？

“我，只吸过几次，几天前……”

“告诉我，味道好不好？你知道，我没抽过，我不知道到底是什么味道。”

我没说正式的香烟我没吸过，只吸过“絮絮”烟。我也明明知道讲明了这一点也没有用。“我不知道，也许没有多大味道。”我答得那么笨，本以为他会一记耳光打过来，但是他没有揍我，而是把我拉了过去，好像要进行一次朋友间的谈话似的。他伸出一只手抱住我的肩膀，向我解释开了：

“你踢球有几分天分，以后也许会成为一个高手。要是你抽烟喝酒，就踢不好球了。到时候就没有足够的体力在九十分钟之内一直踢出理想的水平。这事你自己决定吧。”

然后他伸手从口袋中取出了钱夹子。这夹子又旧，又薄得可怜。他打开夹子，我看到里面有几张皱皱巴巴的票子。他接着说下去：

“但是，如果你还想抽烟，最好还是抽你自己的烟。老是讨人家的烟很丢人。你自己买烟需要多少钱？”

我简直羞得无地自容。我抽的烟不是自己买来的，这还无关紧要，这时我倒联想起许多事情——我似乎见到父亲每星期一拐一拐地走上足球场，膝盖肿得像西瓜那么大；我似乎看见他为了养活一家人，在毫无怨言地清理便盆、打扫地板。我两眼盯着地板，真希望地上开个洞把我吞下去，埋葬我的羞惭。父亲一声不响地看了我很久。

“好吧，没事了。为了我们家庭的名誉，你自己的名誉，以后别再讨烟抽了。要买，向我拿钱，我给你。”我知道，如果我真的向他要，他是会给的。

后来，我又好几次想起这次谈话。我知道我的个性。而且在那个年龄，我是容易感情冲动而轻举妄动的。要是他当时狠狠地骂了我一顿，很可能反而会激起我的反抗，今天我便成了一个恶习难改的烟鬼了。当然，还有另一种可能：由于我一直酷爱足球运动，而且知道抽烟对一名职业球员的确有害，因此我可能不至于堕落到那个地步。这些都很难说，但是有一件事是可以肯定的：从那一天开始，我一直没有碰过香烟，也从来不想去碰它。

什么是创造奇迹

海伦·凯勒，19 世纪美国盲聋女作家、教育家、慈善家、社会活动家。她以自强不息的顽强毅力，在安妮.莎莉文老师的帮助下，掌握了英、法、德等五国语言。完成了她的一系列著作，并致力于为残疾人造福，建立慈善机构，被美国《时代周刊》评为美国十大英雄偶像，荣获“总统自由勋章”等奖项。主要著作有《假如给我三天光明》、《我的生活》、《我的老师》等。

海伦·凯勒，一个独特的生命个体以其勇敢的方式震撼了世界，她是一个生活在黑暗中却又给人类带来光明的女性，一共度过了生命的 88 个春秋，却熬过了 87 年无光、无声、无语的孤绝岁月的弱女子。

然而，正是这么一个幽闭在盲聋哑世界里的人，竟然毕业于哈佛大学德克利夫学院；并用生命的全部力量四处奔走，建起了一家家慈善机构，为残疾人造福，被美国《时代周刊》评选为 20 世纪美国十大英雄偶像。

创造这一奇迹，全靠一颗不屈不挠的心。海伦接受了生命的挑战，用爱心去拥抱世界，以惊人的毅力面对困境，终于在黑暗中找到了人生的光明面，最后又把慈爱的双手伸向全世界。

海伦·凯勒从小双目失明，又聋又哑，她靠用手触摸、用嘴尝味、用鼻嗅闻，来熟悉周围黑暗沉寂的世界。看起来那局限之大她简直无可奈何。你怎么去教一个听不见的人？她不会说话，你怎么知道她需要什么？她既看不见又听不见，可是她到底是怎样知道你在哪儿的？海伦·凯勒在精神上不屈服于这种清冷生活。由于连诅咒和抱怨都不可能，她只好用身体的剧烈晃动对父母和周围的人发脾气，来说明她心灰意冷的心境。看来她命中注定要在与世隔绝的无声世界里绝望地度过一生。

可是，一个卓越非凡的年轻女子闯进了她的生活，此人可以看作生活中的强人，她就是安妮·沙利文。

海伦·凯勒的父母雇用了她，让她来排除女儿的孤独、抚平她的怒气，因为这一切已让他们心灰意冷、垂头丧气。安妮·沙利文完全意识到自己的困难，也意识到自己的任务几乎毫无希望可言，可是她仍暗下决心去教这个孩子，让她同自己无法到达的世界进行交流。这是同明显不可能的事情进行的一场断杀，其挫折和失望能让最坚强的人气馁、却步，可是她却默默忍受下来，而且数月一直如此。

她只是拒绝失败。

突然有一天，当太多的失望令人灰心丧气，而希望好象永远不会降临时，海伦发出了一声表示理解的声音，这一切都出乎人们的意料之外，她在做出第一个反应后，就像蓓蕾一样开放了。

海伦·凯勒的潜能被心中的另一个信仰所挖掘而开始开发，她进展缓慢、饱受痛苦，有时停止不前，但她继续努力，终于成为世界各国尊敬的作家、演说家和坚毅勇敢的光辉榜样。

她本可以轻易地成为被安慰者，去“诅咒上帝然后死去”，可是她却有不同的选择，她要战胜自己的缺陷而不向它让步屈服。

海伦·凯勒的故事带有十分的传奇色彩，它振颤着人的心灵，故事中包含着人性中最美好的品格和对生活的渴望、生命力的顽强。使我们看到了什么是将不可能变为可能，什么是创造奇迹，什么是平凡中孕育伟大。

我不能丢掉良心

1809年2月12日，亚伯拉罕·林肯出生在一个农民的家庭。小时候，家里很穷，他没机会上学，每天跟着父亲在西部荒原上开垦、劳动。他自己说："我一生中进学校的时候，加在一起总共不到一年。"但林肯勤奋好学，一有机会就向别人请教。没钱买纸、笔，他放牛、砍柴、挖地时怀里也总揣着一本书，休息的时候，一边啃着粗硬冰凉的面包，一边津津有味地看书。晚上，他在小油类下常读书读到深夜。

长大后，林肯离开家乡独自一人外出谋生。他什么活儿都干，打过短工，当过水手、店员、乡村邮递员、土地测量员，还干过伐木、劈木头的重力气活儿。不管干什么，他都非常认真负责，诚实而且守信用。

他十几岁时当过村里杂货店的店员。有一次，一个顾客多付了几分钱，他为了退这几分钱跑了十几里路。还有一次，他发现少给了顾客二两茶叶，就跑了几里路把茶叶送到那人家中。他诚实、好学、谦虚，每到一处，都受到周围人的喜爱。

1834 年，25 岁的林肯当选为伊利诺斯州议员，开始了他的政治生涯。1836 年，他又通过考试当上了律师。

当律师以后，由于他精通法律，口才很好，在当地很有声望。很多人都来找他帮着打官司。但是他为了当事人辩护有一个条件，就是当事人必须是正义的一方。许多穷人没有钱付给他劳务费，但是只要告诉林肯："我是正义的，请你帮我讨回公道。"林肯就会免费为他辩护。

一次，一个很有钱的人请林肯为他辩护。林肯听了那个客户的陈述，发现那个人是在诬陷好人，于是就说："很抱歉，我不能替您辩护，因为您的行为是非正义的。"

那个人说："林肯先生，我就是想请您帮我打这场不正义的官司，只要我胜诉，您要多少酬劳都可以。"

林肯严肃地说："只要使用一点点法庭辩护的技巧，您的案子很容易胜诉，但是案子本身是不公平的。假如我接了您的案子，当我站在法官面前讲话的时候，我会对自己说：'林肯，你在撒谎。'谎话只有在丢掉良心的时候，才能大声地说出口。我不能丢掉良心，也不可能讲出谎话。所以，请您另请高明，我没有能力为您效劳。"

那个人听了，什么也没说，默默地离开了林肯的办公室。

尊师敬学的李政道

李政道是著名的华裔科学家。1926 年出生于美国，3 个月后随父母回到中国，1943 年于江西联合中学毕业，就读浙江大学物理系，1944 年转入西南联大，师从吴大猷教授，1946 年被吴推荐赴美留学。

这段历程，吴教授曾有过亲切的回忆。一九四五年的春天，忽然有一个胖胖的，十几岁孩子来找我。拿了一封介绍信。信是一九三一年我初到密歇根大学遇见的梁大鹏兄写的。梁不习物理，十几年未通音讯了，不知怎样会想起我来。他介绍来见我的孩子叫李政道。他原在宜山浙江大学，读过一年级，因为日军逼近宜山，他便奔去重庆。他的姑姑认识梁，梁便介绍李来昆明见我。当时是学年的中间，不经考试，不能转学，我便和联大教二年级物理数学课程的几位先生商量，让李去随班听讲考试，如他合格，则候暑假正式转学入二年级时，可免他再读二年级的课程。其实这不过是我自己以为合理的办法，并未经学校正式承认许可的。

李应付课程，绰有馀裕，每日都来我处请我给他更多的阅读物及习题。他求知心切，真到了奇怪的程度。有时我有风湿痛，他替我捶背。他帮我作任何家里的琐事。我无论给他甚么难的书和题目，他很快的做完了，又来索更多的。我由他的作问题的步骤，很容易的发现他的思想敏捷，大异寻常。老实的说，在此后的一年中，我因为自己的问题——冠世（吴博士之夫人——编者）的卧病，实在没有心绪来预备许多的参考书和题目给他。好在他的天资高，亦不需我的讲解。

一九四五年，曾昭抡先生忽然来找我，说军政部部长陈辞修先生、次长俞大维先生，想约我和华罗庚谈谈为军政部计划些科学工作事。我和曾虽是同事十年多，华亦六七年，但都无深交。陈俞二先生，更从未晤面。我所习的物理，亦与实用无关。但想想，去谈谈亦无碍。于是和华去渝，先后见俞、陈二先生。

陈俞二先生想知道怎么计划，以有助国防的科学工作机构的发展。我即想了几日，拟就一建议，以为我国人材缺乏，任何计划，必须从根做起，即是：（1）成立研究机构，培植各项基本工作人材，（2）初步可派物理，数学，化学人员外出，研习观察近年来各部门科学进展情形，拟一具体建议，计划筹建一研究机构，并即时选送优秀青年数人出国，习物理、数学等基本科学。

我拟写的建议，陈俞二先生考虑后，以为可行，即令华和我负责数学及物理二部门。我们并建议请曾昭抡负责化学部门。

返昆明后，我告冠世一切经过。谈到推选青年习物理者二人时，冠世和我皆不犹疑的决选李政道。当时在西南联大的研究生及助教中，天赋勤奋未有如李的（杨振宁已考取清华留美；黄昆考取中英庚款留英）。

后来李政道多次表示，虽然他在吴大猷门下只有一年二个月的时间，但却是他一生中获益最多的时期。他说，“我从吴师学到的不仅包括人格的涵养，最重要的是学到对知识的奉献”。他承认，吴大猷是影响他最深远的一位师长。

当代保尔张海迪

张海迪，1955 年秋天在济南出生。5 岁患脊髓病，胸以下全部瘫痪。从那时起，张海迪开始了她独到的人生。她无法上学，便在在家自学完中学课程。15 岁时，海迪跟随父母，下放(山东）聊城农村，给孩子当起教书先生。她还自学针灸医术，为乡亲们无偿治疗。后来，张海迪自学多门外语，还当过无线电修理工。

在残酷的命运挑战面前，张海迪没有沮丧和沉沦，她以顽强的毅力和恒心与疾病做斗争，经受了严峻的考验，对人生充满了信心。她虽然没有机会走进校门，却发愤学习，学完了小学、中学全部课程，自学了大学英语、日语、德语和世界语，并攻读了大学和硕士研究生的课程。1983 年张海迪开始从事文学创作，先后翻译了《海边诊所》等数十万字的英语小说，编著了《向天空敞开的窗口》、《生命的追问》、《轮椅上的梦》等书籍。其中《轮椅上的梦》在日本和韩国出版，而《生命的追问》出版不到半年，已重印3次，获得了全国五个一工程书奖。在《生命的追问》之前，这个奖项还从没颁发给散文作品。最近，一部长达30万字的长篇小说《绝顶》，即将问世。从1983年开始，张海迪创作和翻译的作品超过100万字。

为了对社会作出更大的贡献，她先后自学了十几种医学专著，同时向有经验的医生请教，学会了针灸等医术，为群众无偿治疗达1万多人次。

1983年，《中国青年报》发表，《是颗流星，也要把光留给人间》，张海迪名噪中华，获得两个美誉，一个是八十年代新雷锋；一个是当代保尔；

张海迪怀着活着就要做个对社会有益的人的信念，以保尔为榜样，勇于把自己的光和热献给人民。她以自己的言行，回答了亿万青年非常关心的人生观、价值观问题。邓小平亲笔题词：学习张海迪，做有理想、有道德、有文化、守纪律的共产主义新人！

随后，使张海迪成为道德力量。

人生要有目标

人生要有目标，“我为足球而生，就像贝多芬为音乐而生一样。”

——贝利

贝利是他的雅号。他1940年10月23日出生在巴西的特雷斯科拉索内斯镇的一个贫寒家庭，小时只能赤脚踢球。13岁时，开始代表当地的包鲁俱乐部少年队踢球，使该队连续三年获包鲁市冠军，这位天才少年从此引起人们的注目。

贝利对待足球如同自己的生命，如痴如醉，如痴如狂。他每天奔跑在球场上不知疲倦。不管刮风下雨，不管酷暑严寒，任何时候都不能阻挡他奔驰在绿茵场上。正是有了对人生目标的不懈追求，才有了他后来的辉煌表现。

1956 年，著名的桑托斯队邀其入队，头一年贝利即攻入 32 个球，成为该队最年轻的优秀射手。1957 年，未满 17 岁的贝利入选国家队，并首次参加世界杯赛，他以惊人的技巧驰骋赛场，使足坛惊呼：巴西出现了一位神童！在这位神童的激励下，巴西队愈战愈勇，一一击溃强劲对手，第一次为祖国棒回了世界杯。此后，他成为了队里的核心，在贝利统领下，巴西队又夺得 1962 军第 7 届和 197O 年第 9 届世界杯赛冠军，贝利本人也成为至今世界上唯一一位夺得过三届世界杯冠军的球员。

贝利是现代足球运动中最出类拔萃的人物，他功勋卓著，成就非凡，一直成为后人追寻的榜样，在其长达 22 年的职业足球生涯中，共参赛 1364 场，射入 1282 球，他赢得过世界杯冠军、洲际俱乐部杯赛冠军、南美解放者标赛冠军、几乎赢得了国际足坛上一切成就，被人们誉为“一代球王”。

贝利的伟大不仅仅表现在球场上，还体现在他的人格中。2005 年 1 月为期一周的罗马里奥与球王贝利的口水战最终以罗的道歉而告一段落。两代巴西球王的这场口水战源于本周早些时候。贝利接受采访时表示，他建议罗马里奥趁早退出球坛，应该退休了，再过一个月他将 39 岁了。现在的罗马里奥对于足球来说已经太老了。听到贝利的这番话之后，罗马里奥于 14 日大骂贝利，并表示自己已经基本肯定加盟巴西达迦玛队，他说：“当贝利沉默的时候，他看起来就像一个诗人。但他说话的时候，说的都是屁话，在足球场上贝利是历史上最伟大的球员，他是我们的球王，但是他需要用一支臭鞋来堵住自己的嘴巴。”面对这样的不敬，贝利表现得十分大度。15日贝利在西班牙马德里对记者说：“我是罗马里奥的球迷。我不知道媒体是如何转述我的话，我只知道当时记者让我预测罗马里奥什么时候退役，我说当你在事业顶峰的时候就应该急流勇退。我选择退役的时候，本还可以再为国家队和俱乐部效力一段时间。罗马里奥误解了我的话，如果是那样的话我向他道歉，他近况并不是很好，我本意不是想雪上加霜，希望他能够理解。”

正是有了贝利的大度和宽容，事情得到了圆满解决。15日，独狼罗马里奥在里约热内卢进行的一场友谊赛之前通过媒体向贝利道歉：“我希望借此机会就我所说的那些不敬的话向贝利说声对不起，那些话并非出于我的本意，在我的心中他依然是球王贝利。”

其实性情敏感的独狼对他人进行人身攻击已经不是一次两次了，他曾经谩骂过前巴西国家队队长济科和前国家队主教练马里奥·扎加洛。自大的罗马里奥还曾把自己称为1970年世界杯之后巴西最好的球员，这使罗纳尔多颇为反感。

1977年10月10日，美国宇宙队为球王举行了盛大告别赛，赛后，贝利在队友和观众的欢呼声中挥泪离场，结束了非凡的绿荫生涯。现任巴西体育部长。

俾斯麦的个性

俾斯麦是德国近代史上一位举足轻重的人物。作为普鲁士德国容克资产阶级的最著名的政治家和外交家，他是“从上至下”统一德国的代表人物，其一生正是德国从封建专制社会过渡到资本主义，再走向资本主义列强的重要历史时期。

追求目标的毅力和不择手段以及现实主义的态度，构成俾斯麦鲜明的性格特点。1846 年秋，俾斯麦被任命为负责易北河右岸从耶里肖夫到圣道的一段堤坝总管，这是他的第一个独立自主的公职，也是他从政的开始。俾斯麦 35 岁时，担任普鲁士国会的代议士，这也是他政治生涯的转折点。当时奥地利是德国南方强大的邻国，曾经威胁说，如果德国企图统一，奥地利就要出兵干预。1851 年 5 月 11 日，年仅 36 岁的俾斯麦作为一名新代表进入法兰克福联邦议会。议会由各邦诸侯代表组成，为争夺联邦的领导权，各邦诸侯代表们同床异梦。当时奥地利在各邦中势力最为强大，而俾斯麦所代表的普鲁士势力相对较弱。在联邦议会中，他对奥地利藐视一切的做法十分不满，想找机会对奥地利人提出挑战。

在议会中有一个不成文的惯例，就是只有担任主席的奥地利人才有权吸烟。俾斯麦看不惯这种做法，在一次会议中，当主席抽出一支雪茄烟时，他立即拿出一支烟，并向主席借火点燃，大模大样地抽了起来，以此表明普鲁士与奥地利是平起平坐的。当然，因为两国实力相差悬殊，很难争取真正的平等，但俾斯麦这一举动令主席和其他各邦代表刮目相看。

俾斯麦做梦都想击败奥地利，统一德国。但令人惊异的是，这样一个好战分子居然在国会上屡次主张和平。其实这并不是他的真实意图，他说："没有对于战争后果清醒的认识，却执意发动战争，这样的政客，请自己去赴死吧！战争结束后，你们是否有勇气承担农民面对农田化为灰烬的痛苦？是否有勇气承受身体残疾、妻离子散的悲伤？"在国会上，他为奥地利的行动辩护，这与他一向的立场背道而驰。很多人被他迷惑了。他甚至公开鼓吹要满足奥地利的要求来让德国统一。不过，当他当上首相后，立即对德国公众说："对于一个外交家来说，最大的危险就是抱有幻想。"并立即想方设法对奥地利宣战。法国外交家格腊蒙曾对俾斯麦进行过细致的观察，深刻揭示了俾斯麦善变而灵活的秉性："他的眼睛从来不显出笑意，他说话时，好象总咬着牙关，他的言行举止表现出他对秘密故意采取一种满不在乎的态度，似乎他不愿意影响事物的自然发展。尽管如此，却使人感到，他随时都准备斗争。

1862 年 9 月，俾斯麦迎来了人生最重要的转机，普鲁士国王威廉一世任命他为普鲁士首相兼外交大臣。从此他得以在德国统一大业中一展才华，成为“千古名相”。

在统一德国过程中，俾斯麦纵横捭阖，无所不用其极。1866 年 4 月 8 日，他同意大利结成同盟，随时准备向奥地利开战。但是俾斯麦的战争政策遭到宫廷和许多民众的反对，大家都指责俾斯麦如果推行武力政策失败，他将成为历史的罪人。俾斯麦在御前会议上坚定地说：“我知道，我被普遍咒骂。正像人们常说，命运无常。我拿脑袋作赌注，哪怕我上断头台，也要赌到底。普鲁士和德意志都不能保持原状，两者都必须走（武力）这条路，别无他途！”

群众的反战情绪终于达到极致。5 月 7 日，俾斯麦回家途中突然听到身后两三声枪响。他急转身，看到一个青年正向他射击！俾斯麦猛扑过去，一手抓住青年的右手腕，一手抓住青年的喉咙。刺客用左手拿过手枪，再向俾斯麦射击两枪。一颗子弹打在俾斯麦的褂子上，一颗击中了他的肋部。俾斯麦死死卡住青年的喉咙。这时一个过路人和两名士兵赶来抓住刺客，俾斯麦才得以脱险。

俾斯麦肋部隐隐作痛，但他还是坚持走回官邸。夫人约翰娜正陪客人用餐。俾斯麦没有打搅他们，而是走进书房，给威廉一世写了一个简短的报告，然后走进餐厅，吻了夫人的前额，像讲故事似地说："小宝贝，你不要害怕，一个人开枪打我，感谢上帝，我没有事！"就是凭着这种冷静和毅力，俾斯麦走到了统一德国的最后一步。

莫以成败论英雄

成功的人固然值得尊敬，然而为了目标艰辛付出却未得成功的人也值得我们尊重和理解，这样的人和事不胜枚举。

三国名相诸葛亮一生为西蜀尽心尽力，从西蜀的建立到强大，他呕心沥血，艰辛付出。他六出祁山，通晓兵法，上知天文下知地理，但他终未完成一统中原，匡扶汉室的夙愿！难道我们就为一句“出师未捷身先死”就说他不是个英雄吗？他是个英雄，他在不断付出努力不断奋斗着，他一生无怨无憾，无愧英雄！成功对于一个人来说意味着什么，不只是拥有财富，不只是有了成绩就洋洋得意！成功意味着付出，成功意味着努力，成功意味着奋斗，而不是一个简单的结果。不是每个人的付出、努力、奋斗就能成功，还要有天时地利人和，客观原因主观因素都有。莫以成败论英雄。我们应当用客观的眼光看待成功。

史玉拄，一个响当当的名字，曾从汉王软件开始创业，赚得第一桶金后，大规模进军保健品市场，取得了成功。当时脑黄金风靡全国，然而好景不长，企业倒闭，负债累累。然而他却没有被失败压倒，开始了第二次创业，并坚持将负债还清。如果他不是英雄，英雄何解？每个人都渴望成功，但成功不是运气，不是捡到的，是用日日夜夜艰辛付出与努力铸成的。不在乎一时得失，不看重区区结果，不为失败介怀，努力拼搏，你身上就闪着金光闪闪的两个大字“英雄”！

这是一场没有悬念的比赛，这不是我们期待的一次棋逢对手，将遇良才，难分伯仲，各有千秋的生死大决斗，它的开始就已注定了不可摆脱的结局。湖人队卫冕了，奥尼尔欢呼了，布莱恩特也笑了。

这是一场令人难忘的比赛。虽然没有能够改变历史，没有能够创造奇迹。但是带给每个热爱 NBA，热爱运动，热爱生活人的是一次强烈的心灵震撼。这一切都是因为他——阿伦·艾弗逊，失败的艾弗逊在人们心中并不是失败者。

湖人队在比赛场上的表演十分精彩。可这次比赛吸引人们目光的不仅是奥尼尔的大力灌篮，布莱恩特的空中舞蹈。更多的视线总是在伴随着艾弗逊的摆脱、空切、跑动而跳跃。人们很难想像一个身受 11 处创伤的运动员在如此高强度对抗的比赛中不知疲倦的奔跑，我们很难想象一个身高只有 1.83 米的小个子在被称为巨人运动的竞技场上无所畏惧的前行。但他做到了，而且做得极为精彩。观众开始为他的每一次出手而祈祷，为他的每一次得分而喝彩，为他的每一次失误而惋惜，为他的每一次迎难而上而深深感动。

不妨将镜头切回到比赛现场，再看看失败者的精彩表现：艾弗逊从后场运球到前场，利用穆托姆博的掩护突破至篮下，飞身上篮，湖人队两名高大队员上前封盖，在空中身体受到猛烈撞击后，他仍然将球投中，人却已经是摔到了场外。由于拖着伤痕累累的身体，他做的每一个动作都要付出比别人更多的代价。此时两队的比分为 64：62，76 人队落后，艾弗逊奋力摆脱防守从底线空切至右边角，边角发炮，三分命中。每每在关键时候他就是全队的希望，力挽狂澜，只有他有这种过人的胆识和信心，救全队于危难之际。再看，艾弗逊以迅雷不及掩耳的速度突入篮下上篮，被对方大个队员盖个正着，可他奋力拼抢到前场篮板，毫无畏惧勇往直前，二次进攻得手。就是具有这种迎难而上永不放弃的韧劲，艾弗逊率领 76 人队一路披荆斩棘登上了这总决赛的舞台，才获得了年度的 MVP。

76 人队的球迷在球队失去最后一场比赛的时候仍高举着“艾弗逊你是我们永远的骄傲”的标语在欢呼，仍打出“76 人队，不管成败，我们永远支持你”的横幅在高喊。是啊，这样的球队，这样的球员叫人怎能不爱你们呢？获胜的湖人队的球员奥尼尔，布莱恩特，教练杰克逊他们也由衷地敬佩自己的对手。在比赛结束以后，都纷纷走上前去和场上的对手热情拥抱。这是惜英雄，叹英雄的真情。

结束了，一切都结束了。永远刻在球迷心中的是艾弗逊那怪异的发型，渴望胜利的眼神和那永不言败的斗志，莫以成败论英雄。

如何让成功离我更近

科波菲尔出生在美国新泽西州一个贫穷的外来移民家庭。

从小他是个腼腆内向的孩子，和他一样大的孩子都不喜欢和他在一起，因为他什么也不会。

每次考试，他都是倒数前几名。老师不想让他回答问题，因为他总是羞涩地说不知道。大家认为他是笨蛋，是个白痴。伙伴们嘲笑他，说他永远和失败在一起，是失败的难兄难弟。邻居们说，这个孩子将来注定一事无成。父母听到这样的话，暗暗为他担心。

他努力过，可是收效甚微，自己在学业方面取得的进步近乎为零。但是，他还是在不断加班加点苦读。

每天，他醒来后都害怕上学，害怕被嘲笑。周末，他坐在自家的门前，看着草地上喜笑颜开的男孩们，感到自己的未来一片渺茫。

时间在一天天地流逝，而学校也在考虑劝其退学。

一次，他看到一个老人为了一张被老鼠咬坏的一美元钞票而痛哭不已。为了不让老人伤心，他悄悄回家将自己平时积攒的硬币换成一张一美元的钞票，交给了老人，说，这是他用魔法变回来的。老人激动不已，说他是个善良聪明的孩子。

父亲知道这件事后，认为自己的孩子还不是个笨到家的人。接下来的这天，是他永远不会忘记的。

父亲要带他出门，目的地是波士顿。他说，我们坐汽车可以到达。父亲说，那我们坐汽车吧。可是，在中途的一个小站，父亲下车买东西忘记了汽车出发的时间。就这样，汽车在他喊叫声中呼啸而去。他很害怕，心想这下怎么办，没有汽车，父亲怎么能到波士顿呢？波士顿汽车站到了，他下车时却看到父亲正在不远处等着他。他快速跑了过去，扑进父亲的怀抱，诉说一路的忐忑不安，害怕父亲到不了波士顿，并惊讶父亲是如何到达的。

父亲说，我是骑马来的。

是这样的！他惊讶不已。父亲说，只要我们能到达目的地，管它用什么方式呢，孩子，就像你学业不成功，并不代表你在其他方面不能成功，换一种方式吧！此时，他猛然醒悟。

随后，他看到很多人为了自己的理想不能实现而痛苦不已，就想假如自己用魔法帮助他们实现，即使是假的，但起码从精神上减轻了他们的痛苦。

从此，他对魔术表现出浓厚的兴趣，并跟随一些魔术师学习魔术。

他克服心中的怯懦，为自己的梦想开始奋斗。他为了实现自己的梦想而进行的努力受到了父母的鼓励。

教他魔术的老师发现他在这方面具有很高的悟性，学东西很快，而且每次在原有的基础上都能创新。很快老师的技巧便被他学光了，他不得不换老师。就这样，短短的两年时间里，他换了四个魔术老师。

他就是大名鼎鼎的魔术师大卫？科波菲尔，一个匪夷所思的成功人士。

有人问他是怎么成功的，大卫？科波菲尔说，父亲告诉我，成功对我们来说好比是个固定的车站，我们在为怎么到达而绞尽脑汁，大家都在争夺汽车上的座位，没有得到座位的人不得不等下一班汽车，可是，为什么我们不能骑马或者乘轮船去车站呢？这样，我们不是也到达了吗？只不过我们换了一种方式。

最后，大卫·科波菲尔又说，后来我知道，这一切是父亲安排好的，其实那个小站离波士顿很近，骑马竟然比坐汽车还快，所以父亲到得比我早。

道理浅显易懂，可是真正理解它，并付诸行动的人却很少。

亲爱的朋友们，当你发现自己的孩子不断努力仍然不能取得成功时，你是否可以告诉孩子换一种方式呢？如果你这样做了，说不定你的孩子会离成功更近。

爱因斯坦求职记

爱因斯坦大学毕业后半年多过去了，但工作毫无着落，他几乎跌到了人生的谷底。

绝望之余，他想到德国伟大的化学家“科学伯乐”奥斯特瓦尔德。于是他就给奥斯特瓦尔德写了一封信，但没有收到回信，几天后，他又给奥斯特瓦尔德寄了一张明信片，在明信片上说上次写信可能忘了写回信地址，因此这次是特意告诉他地址的。可奥斯特瓦尔德仍然没有回信。

爱因斯坦的父亲深深同情儿子的处境，洞察到失望的情绪如何刺伤了儿子的自尊心。虽然他贫困交加，但出于深沉的父爱，他多么想能够帮儿子一把。于是他在爱因斯坦给奥斯特瓦尔德发出第二封信后的第十天，也提笔给奥斯特瓦尔德写了一封信：

亲爱的教授：

请原谅我是这样的一个父亲，为了儿子的前途竟贸然给您写信……

我儿子因为目前的失业极为不安，而且时间越长，他就越认为自己没用；更严重的是由于我不富裕，他更认为自己是家庭的一个负担。由于我儿子尊崇您是当代最伟大的科学家，我才敢于请求您读一读我儿子的论文，并请求您写几个字鼓励他一下，以使他恢复对工作及生活的信心。如果您有可能替他谋得一个助教的职位，我将感恩不已。

我再次请求您原谅我的冒昧，而且希望您不要让我儿子知道我给您写了信。

但不知是奥斯特瓦尔德没收到这封信，还是看了仍然不为所动，爱因斯坦没有收到任何回信，更不用说什么鼓励和帮助了。

天无绝人之路。1901 年 4 月，爱因斯坦的大学同学格罗斯曼给爱因斯坦寄来一封信，信中说，瑞士伯尔尼专利局准备设立一个专门审查各种新发明的技术职位，格罗斯曼说他父亲乐于推荐爱因斯坦就任此职。

一年之后，23 岁的爱因斯坦终于正式到专利局上班，摆脱了可怕的失业阴影。为此爱因斯坦一生都念念不忘这位同学的帮助。他多次说："这是格罗斯曼为一个朋友所做的最伟大的一件事。"

一个伟大的科学家也曾有这样的遭遇，说明每个人在他的人生的起步阶段都不会是一帆风顺的，只要你能把握好机会，并努力地奋斗，成功之路一定会为你延伸。

爱因斯坦是一位个性极强，爱憎分明的人。1895 年春天，爱因斯坦已 16 岁了。根据德国当时的法律，男孩只有在 17 岁以前离开德国才可以不必回来服兵役。由于对军国主义深恶痛绝，加之独自一人呆在军营般的路易波尔德中学已忍无可忍，爱因斯坦没有同父母商量就私自决定离开德国，去意大利与父母团聚。

但是，半途退学，将来拿不到文凭怎么办呢？一向忠厚、单纯的爱因斯坦，情急之中竟想出一个自以为不错的点子。他请数学老师给他开了张证明，说他数学成绩优异，早达到大学水平。又从一个熟悉的医生那里弄来一张病假证明，说他神经衰弱，需要回家静养。爱因斯坦以为有这两个证明，就可逃出这厌恶的地方。

谁知，他还没提出申请，训导主任却把他叫了去，以他败坏班风，不守校纪的理由勒令退学。爱因斯坦脸红了，不管什么原因，只要能离开这所中学，他都心甘情愿，也顾不得什么了。他只是为自己想出一个并未实施的狡猾的点子突然感到内疚，后来每提及此事，爱因斯坦都内疚不已。大概这种事情与他坦率、真诚的个性相去太远。

恰到好处的掌声

一个鼓励，一声赞扬，也许就会成就一个人的梦想。这在当今天才钢琴王子身上得到了很好的注解。

1991年，一位来自辽宁沈阳的父亲带着9岁的儿子，来到北京寻找他们的音乐梦。

可是，父子俩一无关系、二无背景，仅凭着对音乐的执著与热爱，根本不足以引起音乐界的重视。为了能够待在京城，父亲费尽周折，勉强将儿子送进了一家小学。儿子的特长是弹钢琴，父亲花高价联系了一位有名的钢琴师上辅导课。第一天，钢琴师只教了儿了一段简单乐谱，就摇起了脑袋："这孩子，脑子比一般人笨，反应也慢，肯定上不了中央音乐学院的，趁早改行吧！"结果，性格倔强的儿子当场就和老师吵了起来，父亲怎么也劝不住，师生俩闹得不欢而散。

看着不争气的儿子，父亲心里一阵难过："这些年，爸爸辞职、卖房子，背井离乡，到处求人，不都是为了你能学好钢琴，将来上中央音乐学院吗？你现在却成了这个样子！"儿子的倔劲又上来了："爸，我再也不学琴了，我想回沈阳！"经过又一场争执之后，父亲由失望变成绝望，决定要带儿子离开北京了。在他们动身的当天，接到了一个意外的通知：儿子所在的小学办晚会，老师们指定要儿子弹奏一曲钢琴。儿子显然还在气头上："不弹了，不弹了，连钢琴老师都说我笨，反应慢，我再也不摸琴了！"几位老师都很奇怪："弹得好好的，怎么说不弹就不弹了？""不摸琴？你父亲送你来北京，不就是为了学琴的吗？"然而，无论老师们怎么做工作，儿子就是不肯再摸琴了。

他们的争执引来了一群好奇的观众，那就是儿子班上的同学。接下来，令儿子感动的一幕出现了，小朋友们你一言我一语地帮着劝开了："弹吧，我们都喜欢听你弹琴！""在我们心中，你的钢琴是弹得最棒的！"……那天晚上，儿子流着泪，以从未有过的激情，弹奏了几支中外名曲。台下的听众们如痴如醉，掌声四起，久久没有停下。儿子站起身来，一遍又一遍向着鼓励他的人们鞠躬，在那些连绵不绝的掌声中，儿子做出了一个改变一生的决定："我要学钢琴！我一定要学好！"凭着过人的自信加努力，两年后，儿子以第一名的成绩考入中央音乐学院附小。10年之后，他成了中央音乐学院最年轻的客座教授，并且凭着一系列成功的演出技惊中外。他，就是被誉为“百年不遇的钢琴天才”郎朗。

成名之后，很多人问起郎朗成功的秘诀，郎朗无一例外都会提及小学时那场特殊的晚会，提及激励自己上路的掌声。后来，一位记者在专访中动情地写道：“这些掌声，是对草根艺术的肯定。尽管它们不是出自名人大腕，但却在关键时刻，以恰到好处的声音，拯救了一位音乐天才”。

人生总有“配额”

人生总有“配额，这是著名作家倪匡的一句话。虽然简单，却说出了人生的含义，生命是短暂的，需要珍重。

倪匡，就像他的小说，高潮迭起、坦率有趣。倪匡本名倪聪，又作倪亦明，出生上海，家境贫寒，到 16 岁还以沙发为床，当兵又遇到大荒，宰杀老鼠、四脚蛇果腹，后来才逃亡到香港，开始写作为生。

倪匡记得第一份投稿的报纸是《工商日报》，当时 1000 字有 3 元稿费。“一个下午已写 5 万字，稿费比打工好得多。”之后，倪匡写作瘾一发不可收。开始写作时，倪匡写武侠连载，后来看到好友金庸、古龙的作品，自认无法超越，加上他不喜欢古装，于是转个弯，将冒险、打斗、侠义精神放进现代，加上想象力，韦斯利系列便出现了。

可是，他自言是个"很随便的人"，"我写稿从不打草稿，写完也不重看，亦没有把报纸珍藏。"

倪匡改笔名也很随意，以前他以笔名"沙翁"写杂文，原来笔名也与女儿有关。"我的女儿很淘气，她经常半夜嚷要吃沙翁。"他说。

至于脍炙人口的韦斯利，取名更随意。"搭巴士经过大坑道有一个韦斯利村，当时我甚至不知道韦斯利是个传教士，只是觉得这个译名很古怪，很适合用来写科幻小说。"

倪匡小说中的韦斯利，天文、地理无一不晓，但倪匡对记者披露，这全拜家中的《少年儿童百科全书》所赐， 自己很多东西都不懂， "真正深入研究的就只有贝壳，只要给我任何一种贝壳，都能立即分辨出类别。"自称为"海洋馆看动物贝壳分类专家"的倪匡说。

上世纪 60 年代， 倪匡的武侠小说每日连载，人人抢看。倪匡说，在当时热闹的阅读风气下，他又看又写。"巅峰时期，我曾经在不同报社同时发表 12 篇连载，内容绝对不会弄错，但稿子倒经常送错，还好报社的编辑们会自己解决这些问题。"

倪匡写过多少书，他自已不记得，粗略点算，"武侠小说有几百本，大多数已找不到了。'韦斯利'比较有系统，加上'原振侠'，也有 90 多本吧？ 电影剧本有 400 部，全部没有留下来。"

这些年来，他笔下创造了原振侠、韦斯利、白素、亚洲之鹰等深为读者熟悉的角色。在数十年的写作生涯，倪匡确实掀起过一阵科幻小说热潮，作品被改编成电影、电视剧本，甚至更有传言说他曾见过外星人，而且他自己就是韦斯利的原型。

1965 年到 1995 年，是他的写作高峰期。“我通常在 1 小时可以写 11 张稿纸。每天平均写 2 万多字。我不能说我是全球最多产的作家，但的确是天下写汉字写得最多的人，老外不会写汉字，再多产也不能和我比，哈哈。”

倪匡决定封笔。他解释，“过去写了四五百本书，从未试过写到一半便写不出来，写《只限老友》时却多次发生这种状况，写出来也不满意。我是第一个读者，自己都不满意，别人也不会满意。人生总有‘配额’，用完了，现在写一百字也困难，哈哈。”

倪匡相信一切都有配额，写作有，烟酒有，生命也有。人生走到后期了， 大部分配额都已经用完，他也认了。回顾大半生，可有遗憾？“没有，经历过最艰苦的日子，我很知足，什么都可以开心一天。”倪匡举例说， 有次他去快餐店吃饭，望着饭桌上的米饭忍不住呆望了许久，然后满足地笑起来，“结果身边的阿婆以为我是疯子，急匆匆地跑开，哈哈！”

人生总有“配额”，倪匡先生说的这句话意味深长。除了是说人生的短长外，更深层的意义在于利用这些上天给你的有限“配额”，在人生的路上，你究竟要做什么，又在做什么，最后都做了些什么？

养活一团春意思，撑起两根穷骨头

咸丰年间曾国藩曾写过一联：“养活一团春意思，撑起两根穷骨头。”原句应该是“养活一团春，撑起穷骨头”，这句话告戒我们只要人的信念还象春天一样朝气蓬勃，保持这种旺盛的生机，挺拔的精神，不屈的意志，活泼的思维，在道义和灵魂上已经足够充裕了，物质上的贫困又算得了什么呢？激励我们对生活的信心，要坚强豁达。

我读到它时，心里猛然一震。虽说也听过同样意思的话语，但都不如这两句让人感到那样的柔中带刚，那样的澹然坦然。

我想这种思想对我来说特别现实。多数情况下，我们是矛盾的。在逆境中我们很容易周身皆针砭药石而备感艰辛，居顺境时销膏靡骨而不知苦痛。其实，读了曾国藩的这副联很生动地为我们解决了这个问题。

这一团春意思，我想恐怕就是安眠一冬深藏窠臼的昆虫破眠开启的欲动，是坚实饱满一腔生意期待下播的种。是出身贫寒地位卑微内心也长燃希望的灯。

万物都是这样寂然不动之中孕育着生机。所以，养活的绝不是一团悻悻然愦愦然木木然的肉身，而是对悲观的乐观辱中的求生受挫时的思奋。

人生在世，有可为之事，也有不可为之事。有可为之事，当尽力而为之，这就是尽性；有不可为之事，当尽力从之，这就是知命。

其实，有时候感觉自已很困惑。有曾国藩的那种思想也还是逃不过现代人的双重狼狈：在工业社会里，他感到孤独无援；一旦投入自然，也照样难以欣然神会。周围的人也都是平常人，不能像圣人那样一切能淡然处之。太在乎事情的结果，有意无意会产生这样的倾向：有多少耕耘就有多少收获。不能达到，就会颓然，误以此为淡然，反以此为超脱。就像颜子三月不违洗尽杂念隐居退让，可惜那是古代。

曾国藩还有一联与上联相映成趣："战战兢兢，即生时不忘地狱；坦坦荡荡，虽逆境亦敞天怀。"那上联不必去看，下联倒是值得我们铭记。穷骨头可能是我们很多平常人都剔除不去的，那是我们生命中与血和肉紧密联系的，是天命；那团春意，却是我们只要生命尚存桃源还在就绿在心田的茵茵芳草，是人为。

人活一世，生命短促。还是尽性些的好。管他前途是否会有坎坷，管他世俗是否规矩多多，在保证自身修德的情况下，不卑不亢，追求精神的不羁心灵的放荡，咏叹世俗的污浊人生的不平。

要铮铮地撑起我们身上的两根穷骨头，恐怕还必须是养活那团春意思了！一个社会就如一鸿汪洋，一滴水落如其中，是融合还是沉淀？全由自己做主。

英雄也要舍弃

他舍弃所有，不为赏赐，不为富贵，只为一句掷地有声的承诺，他担当着那个时代最可贵的侠义精神，是一位内心纯粹的孤胆英雄。这位就是战国时期小男人要离。

吴王阖闾恨庆忌，这种恨当然是有起因的。但是，我估计，到了后来，恨的起因已经无关紧要，吴王只是单纯、悲愤地恨着，这种恨让他的生活有了目标，那就是杀死庆忌。

吴王的臣民们也已经记不起为什么恨庆忌，他们更为悲愤地恨着，同时热烈地探讨杀死庆忌的种种方法。如果这些方法一一实行，庆忌已经死过 N 次。但庆忌还活着，曾有六匹马驾的战车追杀他，但他是长跑冠军，战车追不上他；他还是杂耍高手，迎着刺客射来的箭，他双手翻飞，快如疾风，箭射完了，箭全在庆忌手里，一手一把，他安静地看着刺客，刺客们喷出数口悲愤的血。

就这样，一个名叫要离的找到吴王，他说：我能杀庆忌。吴王低下头看着要离——不低头不行，要离太矮了——吴王怀疑地说："你，成吗？"

要离一挺他的小身板："大丈夫只要有胆儿，没个不成！"

于是，根据要离的请求，吴王杀了他的妻儿，焚尸扬灰。要离这个英勇的小男人逃脱了吴王的魔爪，投奔庆忌。庆忌当然收留了他，敌人的敌人就是朋友，而普天之下最恨吴王的应该就是要离了。

庆忌想错了。庆忌最终斗不过吴王，因为他对人性的拧巴、混账缺乏领会。所以在长江上的一艘船上，当要离突然拔剑向他刺来时，庆忌肯定是一肚皮的不理解，幸亏他还没有失去传说中的敏捷身手，他一把抓住要离，咔嚓把他扔进江中。

接下来的事像一幕残酷的喜剧，要离被捞上来，晃晃悠悠又提着剑来杀人，又被咔嚓扔下去，如是者三回。最后庆忌撑不住了，长叹一声：唉，服了你了，你走吧。

要离就这样回到了吴国。他没有能够杀庆忌，但吴王在一番严肃认真的思考后认为，要离的忠贞、勇气以及拿着老婆孩子去套狼的牺牲精神值得提倡，郑重决定把吴国分一块给他。

我估计，要离本来是想活下去的，否则他就会多喝几口江水把自己淹死算了，但如今吴王这么一褒奖，他想活也活不下去了，拔出剑来往脖子上一架——这回他总算成功了，他杀了自己。

要离，在中国古人心中是英雄，《吕氏春秋》在讲述他的事迹后评论道：“要离可谓不为赏功矣。故临大利而不易其义，可谓廉矣。廉故不以贵富而忘其辱。”意思是说，要离了不起，还知道人有脸树有皮，不肯没羞没臊地分一小块地盘去做土皇帝，难能可贵啊。

照此说来，我也同意要离是个英雄，不仅因为他还有脸皮——当然我也担心他挂着这张脸皮怎么去阴间见他的老婆孩子，不过，春秋时的人们和咱们不一样，似乎是不信来世阴间那一套的，所以办事决绝、“狼”性充沛。还因为，要离毕竟真的去试着杀了一回庆忌，如果是现在，他尽可以在互联网上发帖子，悲愤而安全地发泄他的各种仇恨，泄完了，关电脑，洗洗睡。

战国时期的无间道

战国时苏秦给燕王讲了一个故事，某甲做官远游，在家乡的妻子耐不住寂寞，与人有了私情。当某甲调动工作即将回乡的时候，奸夫眼见“好事”不再，乃郁郁不乐，奸妇却劝他“勿忧”说：“吾已作药酒待之矣”（“药酒”即毒酒）。某甲归来，奸妇办了一桌酒菜，款待老公，并命甲之妾敬酒。其妾早已察觉主母的阴谋，她端起这杯毒酒，做了权衡：明说这是毒酒吧，良人必将驱逐主母；不说吧，则良人将丧了性命。面对两难之局，她用行动做了解答，“于是乎，佯僵而弃酒”（假装摔倒，顺便将酒泼掉）。某甲大怒，赏了她一顿鞭子。

这个故事是苏秦担心燕王怀疑他的忠信，借这个故事来陈明心迹。小妾“上存主父，下存主母，然而不免于笞”，苏秦就是这个地位尴尬的小妾。若依譬喻，故事里的“妾”是苏秦，“主父”指燕王，“主母”则是何人呢？这与战国形势有关。

战国中后期是“两极世界”，一极在东，为齐国，一极在西，为秦国。另有楚、魏、赵、韩、燕五国，实力超乎其他诸侯，此即所谓“战国七雄”。凡以齐国为首联合五国抗击秦国的外交计划，称为“纵”；秦国率领他国去攻打齐国，其名为“横”。为前者而奔走的政治家，称“纵人”，为后者而计虑的，则是“横人”。苏秦正是“纵人”的代表。《史记》说他取得六位国君的信任（“六国大封相”），率众抵抗虎狼之秦，便是称赞他对“合纵”的贡献。然而，需要澄清的是，《史记》所说有误，其实，苏秦仅担任过齐、赵、燕三国的宰相。但是，在这三国中，苏秦为之殚精竭虑并最终献出生命的是燕国，齐与赵不过是苏秦的棋子。他与燕王商定，自己去齐国当“卧底”，以达到削弱齐国保存燕国的目的。正是在此期间，燕王流露了不信任苏秦的意思，怕他在齐国待久了，忘了燕国。苏秦一时激动，便讲了前面那个故事，并慨叹：谁说忠信之人无罪呢？看这忠信的小妾，就因忠信换来一顿鞭子。我因忠信而获罪，不正像这可怜的小妾吗！燕王听他一番话，感慨良久，自此坚定了对苏秦的信任。

燕国并非苏秦的祖国，他是洛阳人，在周天子王畿之内，也不是他最初想效力的国家。初出道时，他先后向周天子、赵王和秦王自荐，遗憾的是，周、赵、秦皆“不用其言”。最终，他放弃了为强力诸侯（秦与赵皆是强国）服务的志愿，转投实力最弱的燕国。这就好似一个有野心而又志气绝人的女子，若不能嫁与王子，那就选一个合适的男子，助他成为国王。西谚所谓 Everything or nothing，或即苏秦的写照；换作中文，就含蓄多了，曰：士为知己者死。而且，燕王一贯信任苏秦，委以大任。他遂立志，拚死也要保住燕国的名号不在地图上被人抹去。

然而，形势诡谲。历史上的苏秦被定位为“纵人”，本应指挥燕国跟随齐国去抗拒秦国，但是，他的初衷乃至遗愿，却是希望看到齐国被消灭，哪怕由秦国带头也在所不惜。一般来说，人与人，国与国，在斗争哲学上都遵循同样的道理：朋友的敌人是敌人，敌人的敌人是朋友。他在秦国自荐不获受，遭到羞辱，从人性来说，杀个回马枪，对秦国还以颜色才是正解，为何他不用此计，反去祸害秦国的大敌呢？只有一个解释，那就是，苏秦不以敌人（个人层面）为敌，反以敌人的敌人（国家层面）为敌，乃是公义战胜私情的抉择。

如此抉择，也有战略地理上的重要原因。当时，“七雄”中以燕国最弱。而燕国的切肤之害是齐国，时刻担心被齐国吞并。对燕国来说，秦国的威胁远不如齐国大。因为，就算因为削弱乃至灭亡齐国，为秦国扩张铺平了道路，但是，到时秦国发动东征，或将威胁甚至灭亡燕国，那也是多年以后的事。当务之急，须遏制齐国的吞并。这便是苏秦表面合纵抗秦、暗里连横灭齐之策的根本动机。

至于苏秦的具体操作，主要在于说服各国联合抗秦。举两个例子可见一斑。一是内政。苏秦甫任齐相，教导齐王的竟是“高宫室大苑囿以明得意”。齐王一度有称“帝”的企图——当时诸侯皆称王，无称帝者；帝的级别比王高，齐若称帝，显然会刺激其他诸侯。后来虽然放弃称帝，齐王自恃国力强大可以小视诸侯的态度却不曾改变。因此，苏秦提议大兴楼堂馆所（“高宫室大苑囿”），正是顺着齐王的意思给他上套（“以明得意”）。一是外交。本来，作为军事强国的赵，既与齐联合抗秦，两国应紧密合作才是，苏秦却在齐王前说赵的坏话，同时授燕王以联秦、赵而攻齐之策。恰又风云际会，不久，智勇双全的乐毅出任燕、赵二国的“共相”，并兼任联军的统帅，于是，三国进攻，将齐国打得一塌糊涂。对外，损害邦交；在内，削弱国力。这就是苏秦的“敝齐”之策，其策收效甚佳，齐国因此被削弱。同时，燕国的近邻威胁也被解除。

然而，拿人钱财却不替人消灾，终逃不过报应。齐国大夫有识破苏秦之计者，收买刺客杀他，苏秦受了重创，奄奄一息。齐王仍在彀中，毫未醒悟，在国中通缉刺客和主谋，并去慰问苏秦的伤势。苏秦对齐王说，我的伤太重，终不免一死，但可利用我这具将死之躯查出凶手。齐王问什么办法，苏秦说，请用“车裂之刑”将我公开处死，并宣明罪状，说“苏秦为燕作乱于齐，凶手必然自出”。齐王依计而行。果然，不久便有人出头承认刺杀了苏秦，齐王“因而诛之”。

苏秦死无全尸，很惨。身后名声也极可悲，所谓“被反间以死，天下共笑之”（司马迁语）。但是，用古代兵家的标准衡量，他也算生得伟大，死得光荣。《孙子兵法》有“死间”之说，谓“明君贤将能以上智为间者，必成大功”；其人受国主之托，潜入敌国，不令敌国败亡誓不归国，哪怕被执就死亦不后悔。苏秦无疑是“上智”，故能敝齐保燕，成就大功。然仅有“上智”并不足贵，苏秦生平之贵在一个“信”字。当他离开燕国，曾对燕王许下“信如尾生”的承诺。尾生与情人相约在桥下见面，情人未至，而突发洪水，尾生守约不去，终于淹死。最终，苏秦践诺而死，“信如尾生”。

对齐国来说，他万死不足惜。但对后人来说，他“以百诞成一诚”——千言万语的欺骗，只为实现精忠报国的初衷——的行为，可敬可佩，弥足宝贵。稍觉遗憾的是，他的事业终于失败。燕国挡不住秦国的侵略，终被灭亡。不过，这是他死后94年的事；次年，齐亡于秦。以最弱之燕，在险恶环境中延续近百年，几与最强之齐同日而亡，任何谋国者似都应笑对此结局。

为了新生命的诞生而努力飞翔

1961年，艾雷罗·戴利格出生于意大利西西里岛的埃特纳火山脚下一个平凡人家。在独特自然环境中长大的戴利格，对大自然有一种特殊的爱。

19岁时，戴利格顺利考入了巴黎体育大学。在校读书期间，他便对攀岩、登山这类挑战高度极限的运动产生了浓厚的兴趣，而最令他痴狂的则是三角翼滑翔伞。

然而，滑翔伞运动是一项并非一般人都能参与的运动。这项运动有着较高的危险性，要求飞翔者必须具备较强的操控能力和娴熟的飞行技巧。因此有关部门规定：从事滑翔伞运动人员必须经过专业学习，经考试合格后方可允许。经过不懈的努力，戴利格最终通过了严格的考核，顺利领得了滑翔伞运动的执照。

一天，戴利格在一位酷爱登山的朋友家欣赏其拍摄的喜马拉雅山景色照片。突然，他发现在喜马拉雅山的上空有一个奇怪的小黑点。这顿时激发了戴利格的好奇心，于是他拿起放大镜仔细研究起来。原来那个极小的黑点竟是一只展翅翱翔的尼泊尔雄鹰。

从此，雄鹰在海拔 9000 米高空自由翱翔的画面，深深地烙印在了戴利格的心头。在喷气式飞机都难以企及的高空，雄鹰不惧波浮不定的气流和猛烈旋转的飓风，依然搏击翱翔近万米高空，这是一种多么伟大的精神啊！然而，这种鹰目前正处于濒临灭绝的边缘。戴利格决心要为尼泊尔鹰的生存和繁衍献出自己微薄的力量。

2001 年，戴利格致电给英国布里斯托尔的一个鹰养殖基地，要求成为人工养殖鹰的志愿者。

不久，戴利格就收到了鹰养殖基地寄给他的邮包。打开邮包，他惊奇地发现里面安稳地“睡”着一枚鹰蛋。同时，邮包里还附有一封信，上面写满了关于鸟类饲养的注意事项。

于是，戴利格在朋友的帮助指导下，经过悉心人工孵化，小雏鹰终于破壳而出。

尼泊尔鹰有个奇特的天性，当雏鹰睁开眼睛时，首先映入其视线的那个形象，就会被当成是它的父亲。于是雏鹰在整个成长过程中，会一直依赖于“父亲”的保护和疼爱。即使这个“父亲”和它根本就是两种不同的生物，雏鹰也丝毫不会产生怀疑。

就这样，戴利格担负起了雏鹰"父亲"的职责，他经常通过爱抚让雏鹰感受到安全。并给雏鹰起了一个好听的名字叫"搏尔"。

在戴利格的百般呵护下，搏尔渐渐地长成了一只英姿勃勃的雄鹰。戴利格知道，是该教搏尔学习飞翔的时候了。

一个明媚的早上，戴利格把搏尔放置在自己的胳膊上，操纵着12平方米的三角翼滑翔伞直升高空。起初，从未离开过地面的搏尔用利爪拼命地抓住"父亲"的胳膊，全身紧张地颤抖。但天性使然，随着他们逐渐地上升，搏尔突然"呼"的一下松开鹰爪，振翅高飞。它一会儿向下俯冲，一会儿向高空盘旋飞翔。

尽管，戴利格很希望搏尔能够拥有属于它的自由和蓝天，但是当搏尔离他而去的瞬间，他依然感到一阵心痛。

然而，为了保证鹰的自然生存和繁衍，他必须把已经学会飞翔和捕猎的搏尔送到炎热的尼罗河，那里才是搏尔真正的家。

这天，戴利格操纵着滑翔伞在空中飞翔，搏尔伴随其左右，他们沿着尼罗河谷向南飞行。沿途，他们遇到了难以预料的种种艰难和险情。途经撒哈拉沙漠时，由于干燥炎热的气候，使他们严重缺水。为了寻找水源，戴利格不得不暂且停下行程。

在这里，他意外遇到了当地的图阿雷格人。这个仍处于游牧状态的群体，对从天而降的戴利格充满了敌意。

然而戴利格知道，在此时极度缺水的状态下，他必须从图阿雷格人那里取得淡水。为了表示友好并取得对方信任，戴利格依次用滑翔伞载着他们，让群体中的每一个成员都体会了“飞翔”的感受。最终，大开眼界的图阿雷格人，高兴地送给了戴利格很多的淡水和食物。

数天后，戴利格终于把搏尔送到它的“家”。搏尔振翅重归大自然，但戴利格心中依然充满忧虑，因为搏尔从小与“父亲”长大，根本不认识与它同类的鹰。戴利格希望它不会感到孤独和不安。

2005 年的春天，戴利格向维也纳实验中心申请了一枚尚在孵化箱中的受精南美秃鹰蛋。成年的南美秃鹰翅展宽达三米多，是世界上一种最大的猛禽。然而，如此威猛凶悍的禽类，依然难逃因人类的滥捕而濒临灭绝的命运。

为了让雏鹰在出壳后的第一时间，准确地记住同类鹰的样子，戴利格几经周折找到了一架无论是颜色还是形状都与成年的南美秃鹰一模一样的滑翔伞，并覆盖在孵化箱上。

不久，雏鹰终于破壳了。只要是出现在雏鹰的面前，戴利格便会身穿他亲手制作的黑色羽毛秃鹰装，故作展翅翱翔的动作，还会用人造鹰嘴给雏鹰喂食。

在戴利格的精心调教下，小秃鹰学会了飞翔和捕食。

2005 年的冬天，戴利格再次操纵着滑翔伞，亲自送成年的秃鹰回家。他一路滑翔、盘旋、直升，一直把它送到了海拔 6962 米的南美洲安第斯山脉的主峰阿空加瓜山。

2006 年 3 月 26 日，在返程的途中，戴利格操纵的滑翔伞不幸失事，年仅 45 岁的他带着无限的欣慰和希望走了。带着他“我为新生命的诞生而飞翔”的诺言悄然离去。

除了会写小说还能干什么

一个谈笑风生的场合，有人话赶话地调侃托尔斯泰：你除了会写小说还能干什么？

当时在场的人都觉得这句玩笑话说得过分了，而且也不是事实。年近花甲的托尔斯泰并没有对朋友的嘲讽还嘴，不吭一声地回到家里，就忙起来了。他的“车间”紧挨着他的书房，当中一张大木台子上摆放着榔头、钳子、钢锯、锉刀等工具，墙上挂着干活儿时围的围裙……他为回应朋友的调侃，亲手制作了一双漂亮而结实的高靿牛皮靴，郑重地送给了大女婿苏霍京。

苏霍京哪舍得将老岳丈这么珍贵的礼物穿在脚上，便将皮靴摆上了书架。当时《托尔斯泰文集》已经出版了 12 卷，他给这双皮靴贴上标签：“第 13 卷”。此举在文化圈里立刻传为佳话。托翁知道后哈哈大笑，并说：“那是我自己最喜欢的一卷。”

托翁乘兴又做了一双半高鞠牛皮靴，送给了好友——诗人费特。费特灵机一动，当即付给托尔斯泰6卢布，并开了一张收据：“《战争与和平》的作者列夫·尼古拉耶维奇·托尔斯泰伯爵，按鄙人订货，制成皮靴一双，厚底，矮跟，圆鞠。今年1月8日他将此靴送来我家，为此收到鄙人付费6卢布。从翌日起鄙人即开始穿用，足以说明此靴手工之佳。空口无凭，立字为证。1885年1月15日。”后面还有费特的亲笔签名，并加盖了印章。

手艺是精神的标记，行为体现了一个人的思想面貌。现代年轻人厌恶体力劳动，拒绝学习和掌握一门手艺，不管喜欢不喜欢读书，读得好和读不好书的人，都一窝蜂地往上大学一条道上挤，正应了契诃夫的话：“大学培养各种才能，包括愚蠢在内。”

而托尔斯泰，被誉为“全人类的骄傲”。他的全集出版了90卷，是“每一个作家必读的百科全书”、“文学艺术中的世界性学校”，其精神之丰富、深邃和博大，为世人所叹服。况且又货真价实地出身贵族，可以顺理成章地当个令现代人无比羡慕的“精神贵族”。而最让托翁深恶痛绝的也正是这种贵族意识。

列宁称“在这位伯爵以前的文学里，就没有一个真正的农民”。他比国家废除农奴制早4年就解放了自己庄园里的农奴，还一直想把属于自己的土地转赠给农民，让自己的作品自由地无报酬地任由想出版它们的人去出版，为此不惜跟家人一次次闹僵。到82岁时还离家出走，想去当个农民，过一种自食其力的生活，在普通的劳动者中间度过残年。

他到临死都信奉：“劳动，只有在劳动中才包含着真正的幸福。”

有一次托翁路过码头，被一位贵夫人当做搬运工，叫过去扛箱子。他为贵夫人搬运完箱子还得到了5戈比的奖赏。这时码头上有人认出了托尔斯泰。他的大胡子和身上那件自己设计的“托尔斯泰衫”，太好辨认了。于是许多人围过来向他问好，那位贵夫人见状无地自容，还想要回那让她含羞的5戈比，却被托尔斯泰拒绝了：“这是我的劳动所得，我很看重这个钱，不在乎有多少。”

伟大的精神导致伟大的劳动，强有力的劳动培养强有力的精神，正如钻石研磨钻石。本是伟大作家的托尔斯泰，却用自己的一生证实：体力劳动是高贵而有益的。轻视体力劳动和手艺，只说明精神贫弱，思想空虚。

站出来的总统

在20世纪30年代初期的一个早春二月，在当时苏联的一个普通的农民家庭里，出生了一个男孩。这是一个贫困的农民家庭，所以，男孩一出生，他艰辛的童年就开始了。男孩的家里有6口人，他们全家挤在一起，住在一间破旧的小屋子里，男孩的家里除了农庄里分的一头奶牛之外，就没有什么别的值钱的东西了。

男孩上学了，他学习非常刻苦认真，成绩也非常优异，而且，同学们也都非常喜欢和拥护他，所以，他在同学中的威信很高。但是，有些老师却不喜欢他，并把他当成一个坏学生，甚至有好几次，有的老师向学校提议，希望能开除这个男孩，因为，这个男孩在班里总是喜欢出一些意想不到的鬼点子。最让老师恼火的是，当这个男孩或者班里的其他同学受到老师的不公正的批评后，男孩总是会勇敢地站出来说话，他那些有情有理的话语总是让老师无言以对，瞠目结舌，十分尴尬。

那年学校的毕业考试结束了，男孩的各门功课的考试成绩都非常优异，几乎门门功课都是满分，因此，男孩对自己能够圆满顺利的毕业充满了信心。学校举行毕业典礼的那天，会场上的气氛非常热烈和隆重。一个个学生都走到台上，恭恭敬敬地从老师的手里拿到了自己的毕业证书。当男孩走到台上的时候，他说自己有话要说，希望能得到主持典礼的老师的同意。主持典礼的老师感到很新奇，他想听听这个男孩究竟要说些什么，就同意了男孩要发言的请求，台下的同学们也都以热烈的掌声欢迎他发言。于是，男孩在台上开始说话了，他先是对那些在平时的生活和学习上关心、帮助过自己的老师致以诚挚的感谢，台上和台下的人都给予了他赞许的掌声。接着，男孩开始评论自己的班主任老师，并尖锐地指出了班主任老师在工作中的缺点和失误，他指出，班主任老师的教育方式非常不得当。他的话语让当时在台上端坐的那位班主任老师又气又急，非常尴尬，也非常恼火。

毕业典礼结束之后，男孩去拿自己的毕业证书，学校却告诉男孩，他不能得到自己的毕业证书，学校只能发给他一张肄业证书。男孩对学校这样的做法非常不服气，他认为，自己已经通过优异的考试成绩证明了，自己是有资格拿到毕业证书的，学校拒绝发给他毕业证书是一种极其无理的行为，学校这样的行为侵犯了他的权利。于是，男孩开始在学校以及政府主管教育的部门来回奔走，为维护自己的正当权利而大声疾呼。经过男孩的不懈努力，上级主管教育的机构专门成立了一个检查班主任行为的工作委员会，最终，那位被男孩评价为教育方式非常不得当的班主任老师受到了处理。男孩以自己无畏的勇敢精神而站出来大声地说话，他最终得到了那张应该属于自己的毕业证书。

这个男孩没有因为自己出身贫困而看不起自己，他战胜了自卑，在那些和大家的利益息息相关的利问题上，该说话的时候，他敢于站出来大胆地说话，勇敢地去争取公平和公正。这个男孩就是俄罗斯的第一任总统叶利钦，他一直保持着该说话时就要勇敢说话的处世风格，最终在人生的道路上拥有了引人注目的成功和辉煌。

很多时候，人生就需要勇气，需要一种积极的生活态度。只有具备了无畏的勇气，才会从囿于自我的小天地里解脱出来，才会更广泛自如地与人沟通交流，才会听到不同的声音，共鸣或批评。正如歌德所说：“卑怯的人叹息、沉吟，而勇者却向着光明抬起他们纯洁的眼睛。”

只成功“一点”

“从小到大，许多方面我都是非常失败的，简直一塌糊涂”他说。

他小学时多门功课常常不及格，而到了中学，物理成绩甚至为零分。他在拉丁语、代数以及英语等科目上的表现同样惨不忍睹，就连体育也不好。虽然他参加了学校的高尔夫球队，但在赛季唯一一次重要比赛中，他输得干净利落。在学校，没有人不认为他糟糕透顶。他孤独、落寞，在自己的整个成长时期，在社交场合从来就不见他的人影。

年少的他憧憬爱情。当许多同龄人开始恋爱的时候，他只能独自发愣。有一次，他鼓足勇气给一个女孩子传情，但随后却在废纸篓里发现了“爱的碎片”。

这真是个无可救药的失败者。然而，这个在许多方面无可救药的失败者却麻木地抱守他尚未失败的“一点”；从小到大，他在乎一件事情——画画。

他相信自己拥有不凡的绘画才能，并为自己的作品深感“自豪”。但是，除了他本人，他的那些作品从来没有其他人看得上眼。上中学时，他向毕业年刊的编辑提交了几幅漫画，结果一幅也没被采纳。尽管经历多次被退稿的痛苦，他仍固执己见，决心成为一名职业漫画家。到了中学毕业那年，他向当时的沃尔特·迪斯尼公司写了一封自荐信。该公司让他把自己的漫画作品寄去看看，并规定了漫画主题。于是，他投入了巨大的精力与非常多的时间，一丝不苟地完成了许多幅漫画。然而，漫画作品寄出后却如石沉大海，最终他没有被迪斯尼公司录用。

生活对他来说只有黑夜。走投无路之际，他尝试着用画笔来描绘自己命运多舛的人生经历。他以漫画语言讲述了自己晦涩的童年、不堪的青少年时光——一个学业糟糕的不及格生、一个屡遭退稿的所谓艺术家、一个没人注意的失败者。他的画融入了自己多年来对绘画的执著追求和对生活的独特体验。

经过了多年不懈的绘画，终于有一天，他的连环漫画《花生》诞生了，这个融入画家生活感悟的真实的画册，立刻引起了众多读者的喜爱，并很快风靡世界。从他的画笔下走出了一个名叫查理·布朗的小男孩，这也是一名失败者：他的风筝从来就没有飞起来过，他也从来没踢好过一场足球，他的朋友一向叫他“木头脑袋”……

他的成功出人意料。他叫查尔斯·舒尔茨，一个蜚声国际的漫画大家。

“许多方面我一败涂地，只在画画这一点上稳住了自己。”舒尔茨说，“而所谓成功，也只是需要你在某一点上自命不凡，自始至终。”

《花生漫画》又名《花生》，这部漫画最初在 1950 年 10 月 2 日开始发行，到 2000 年 2 月 13 日停止发行。这部漫画的电视动画版本曾经获取艾美奖，而其假日特辑等动画版先在美国广播公司里翻放时十分流行，甚至流行到全世界。这部漫画在超过 2600 份报纸中刊登，更在 75 个不同国家中有 3 亿 5000 万个读者，翻译成 21 个不同的语言。

史努比在 1950 年 10 月 4 日第一次在《花生漫画》中登场，运动万能，兴趣是写小说。喜欢吃比萨、饼干及冰激凌，可说是只人性化的小猎犬。它总是端坐在狗屋的屋顶上，不断的幻想，变成各式各样的化身，有时变成律师、棒球选手、酷哥乔（Joe Cool)，有时又变成第一次世界大战的飞行英雄，有的时候又变成名外科医师……

较真儿的目标与希望

德国科学家巴特劳特是一个爱较真儿的人，他特别喜欢中国清代文人周敦颐《爱莲说》中的名句“出淤泥而不染”。

他想不通，为什么莲会“出淤泥而不染”呢？为了较真儿，他特意做了个试验：将炭黑撒到莲叶上，再用喷壶洒水。果然，污物和着水珠一同滚落，莲叶洁净如初。

这个实验虽然结束了，但巴特劳特的较真精神还在继续！他给自己订下了一个目标：一定要让这一现象变成生活中的实际应用。于是，他开始了进一步的实验。他从显微镜里面看到，莲叶表面是许多乳头状的小包，包上有一层很薄的蜡膜，污物只能停留在小包的顶端，因此很容易就被水珠带走了。根据这一发现，他发明了用于汽车或者建筑物表面的“自洁薄膜”，它可以使灰尘很容易就被雨水冲洗掉。如今，由巴特劳特发明的这种“自洁薄膜”，已被广泛应用到人们的生活之中。

因为较真儿，人生有了目标，成功才会有希望。当你在认准了的事情上较真时，你就会充满了激情，充满了动力，充满了希望，你的人生将更有乐趣和收获。

何谓较真，不是认死理，不是非要和别人争个输赢，而是和自己较劲，认准了的事情，就坚持做到底，直到有所收获。

无论在生活中，还是在工作上，有不少人都容易在无关紧要的事上和别人较真，却缺少一种在重要的事情上和自己较真的精神。事实上，很多人实现不了自己的目标，很大程度上就是少了一种和自己较真、非要把事情干到底的精神，他们往往浅尝辄止，因此眼睁睁失去了可能到手的成功；而那些取得重大收获的人，往往就具备这种做事“较真”的态度。

有一个经常喜欢开玩笑的庄园主，名叫乔治。眼看圣诞节要来临了，他觉得应该给予兢兢业业的管家以嘉奖，于是便拍着管家杰克的肩膀说：“亲爱的杰克，这里有四大碗粥（喝一碗就能饱的那种大海碗），我在其中一碗里放了两枚金币，喝到了就是你的啦。”

管家杰克很想得到金币，但他确定不了金币究竟在哪个碗里。于是，他犹犹豫豫地把第一碗里的粥喝了一部分，忽然觉得金币应该在第二个碗里，于是他又去喝了一半第二碗粥，但是心里还是不甘心，便把第三碗的粥又喝掉了一部分，最后又改变了主意，第四碗又被他艰难地喝了一半……这时候，杰克感到自己的胃里再也装不下任何东西了。结果，他一枚金币也没有得到。其实，乔治在每碗粥的碗底都放了两枚金币，他只要随便喝掉一碗美味的粥，都能得到他梦寐以求的金币。

杰克的故事警示我们，浅尝辄止常常会致使我们失去唾手可得的成功。我们必须有一股“较真”的精神，就是要把事情负责到底，圆满解决，直到收获满意的结果！

德国科学家巴特劳特就拥有着这股子“较真”的精神，因此，他就有了重大收获！

海王星的发现

1846 年 9 月 23 日，德国天文学家伽勒根据法国巴黎工科大学的青年教师勒威耶提供的数据确认了一颗新的行星——海王星的准确位置。由此太阳系中七大行星中的海王星走进了世人的眼中。围绕这颗新的行星的发现，还产生了一个有趣的故事。由于英国皇家天文台和法国科学院工作人员粗枝大叶的傲慢态度，使英国皇家天文台、法国科学院失去了率先发现海王星的机会，而将这一重大发现的首发权拱手让给了德国柏林天文台。

从 1781 年英国天文学家赫歇尔发现太阳系第七颗行星（天王星）之后，科学家们便开始研究天王星运行的轨道，在研究过程中，人们发觉天王星和计算出来的轨道不完全一样。于是有人预言：在天王星的外面还有一颗，这颗星在吸引着天王星，这种引力使天王星的运行轨道和计算的不一样。但是，这颗尚未被发现的新星究竟在哪里呢？

在英国剑桥大学，有一个名叫亚当斯的学生，对这个问题很感兴趣，他根据力学原理，运用数学的方法推算这颗新星的位置。经过两年多时间的推算，终于在1845年，即他大学毕业后的第二年，解决了这个理论难题。这时，他只有26岁。他满怀喜悦地把推算的结果通过母校转达英国皇家天文台，皇家天文台根本不把这个青年人放在眼里，他的研究成果没有受到重视。

无独有偶，几乎在同一时间，法国巴黎工科大学的青年教师勒威耶，也对这个问题有着浓厚的兴趣，他1845年，勒威耶正在从事天王星轨道理论工作，当时的巴黎天文台台长阿喇果建议他研究天王星运动的反常问题。

勒威耶利用工作之余从事天文学研究，他根据有关天王星的18次测资料，运用万有引力定律，用数学方法通过求解33个方程，于1846年8月31日计算出对天王星起摄动作用的未知行星的轨道和质量，并且预测了它的位置。他将计算结果呈送给法国科学院，与此同时他还写信给当时拥有较大望远镜的几个天文学家，请求帮助观测。他的工作在法国同行中同样受到了冷遇，但是却引起了柏林天文台副台长、天文学家J.G.伽勒的注意。1846年9月18日伽勒收到勒威耶信的当天晚上，就观测搜寻，仅用一个半小时就在偏离勒威耶预言的位置52′

处观测到了这颗当时星图上没有的星。当时人们把这颗星称为勒威耶星，而勒威耶建议称为海王星。由于海王星的发现，英国皇家学会授予他柯普利奖章。当德国天文台发布了发现海王星的消息后，英国的青年科学家亚当斯才为人们所注意。海王星的发现肯定了牛顿万有引力定律的正确性

1847 年，法国的勒威耶由于其杰出的科学成就，被选为英国皇家学会会员。第二年，他在伦敦会见了亚当斯。两个不同国度的天文学家，从此结为朋友，相互支持，各自在天文学上都作出了杰出的贡献。

亚当斯 1843 年毕业于剑桥圣约翰学院，后在剑桥大学任教，两次当选英国皇家天文学会会长，1861 年起任剑桥大学天文台台长。他在 1844-1845 年计算出了另一颗行星的轨道参数，但未受重视，直到 1846 年海王星被发现，人们才想起他的工作，后被公认为海王星的共同发现者。

后退是另外一种意义上的前进

平直坚固的跳台上，女孩子眼神坚毅地望向前方，深呼吸、慢慢舒展双臂，脚尖猛然用力，身体腾空跃起，屈体向前翻腾一周半转体三周……女孩子动作连贯、姿势优美，如一尾欢快淋漓的小鱼儿，随着微泛的浪花潜入水底……

女孩子的队友就站在离她不远的地方，默默地注视着她。她的动作越是完美，她们的心里便越是波涛翻滚，不是嫉妒，而是深深地惋惜。多年的朝夕相处、荣辱与共，在那些汗水纷飞的日子里，女孩子早已成为她们的“主心骨”，年轻的她还有足够的实力与能力让自己的跳水生涯再舞出许多优美的画面，可是，她却要离开。她们极力挽留也无法改变她的态度。她们真的替她难过，那么年轻就自己封住了前进的路。

从训练池里游上来，女孩子习惯性地捋去脸上的水珠儿，再向后捋捋湿漉漉的头发。然后，便久久地站立在那里，无比专注地凝视着陪伴了她多年的那汪池水。

终于，温暖而清澈的泪水奔涌而出。

她何尝舍得这里啊？从 2 岁第一次孤身跳下水，到 9 岁由体操改练跳水，她是那样喜爱这项运动。即使当她因摔伤而休克被抢救回来的时候，她的第一句话居然是："我还能跳水吗？"曾经赌上生命的舞台，现在却要以另外一种方式默默坚守，她的心又怎会不疼痛？何况，跳水曾带给她那么多的荣誉与欢呼。

但是，"往前一步是黄昏，退后一步是人生"，这是谁唱的？生活的状态并不只是奋勇向前，停顿、退让同样也是一种追求。

在熟悉的训练馆做最后一次跳水，算是对过去的一种告别。她离开了。

离开后的她，应聘到一家咖啡馆做起了服务员，另外还兼职了一份帮人抄抄算算和打字的工作。对于她的选择，没有人能够理解，甚至，很多人向她投来鄙夷、怀疑的目光。是不是出现了什么不好的状况？或者感觉到了自己的力不从心？要不就是和教练、队友出现了难以弥合的争执？否则，那么耀眼的光环不争抢着去拥抱，偏偏去做那些低薪而又辛苦的工作？但是，当她走进中国人民大学新闻学院的时候，她自己知道，另一种成长正在慢慢开始。

成长是需要代价的。她废寝忘食、刻苦钻研，像当年练习跳水一样坚持不懈、百折不挠地“啃食”着那些“天书”。经过几年的努力与沉淀，2006 年，女孩子顺利地大学毕业了。同时，通过参加歌唱比赛，她成功地与唱片公司签约，并且，在最短时间内推出了第一首单曲《伤雪》。

从冠军到大学生再到歌手，小小的身影经历了几次转身，炫目而华丽！这个女孩子就是 2000 年悉尼奥运会，获得女子 10 米跳台比赛双人冠军之一的桑雪。从 1998 年到 2001 年，桑雪在跳台上与队友合作，完成了世界杯、世锦赛和奥运会的金牌“大满贯”。

对于自己在事业如日中天的时候选择退役，如今说起来，桑雪依旧没有丝毫的后悔。因为，在她无数次跳台跳水的过程中，她早就领悟到了这样的道理：双脚要先向下用力，才会产生跃起的弹力，向下的力度越大，“鱼跃跳台腾空的瞬间”就越“锋芒盖眼”。而人生亦是如此，理性地、暂时地“退步”则是另外一种意义上的前进，因为，那是一种叫做蓄势待发的更为强大的力量！

别样英雄

天下英雄气，千秋尚凛然。鲜衣怒马，仗剑天涯。如果这是你心目中的英雄，那种虽万千人吾往矣的决断，功成名就时的飘然离去，也许更为惊心动魄。

放弃总比进攻来得低调更为艰难。名缰利锁无所不在的网住了我们，爱更是我们骨子里最渴望的拥有，一个俗人又怎能轻易地抛舍。而在历史或者是我们的梦幻中，总有几个人傲然决然地忍辱负重，或是云淡风轻地笑傲江湖。

很少有人愿意放弃尊严，但却有放弃尊严的英雄。越王勾践以王位之尊，苟颜呈欢于吴王夫差旗下，但卧薪尝胆，终将夫差头颅挂于城楼之上，立就一代霸业。韩信不与小人置气甘受胯下之辱成了千古佳话，所以当“刺秦”中的屠夫向荆轲挑衅时，荆轲站立良久，一字一顿地说：我不杀你，然后甘受屠夫胯下之辱。乃易水河畔传奇，秦王殿壮举！

很少有人愿意放弃财富，面对金钱视若无睹。韦小宝面对拜过把子的小玄子康熙的龙脉，抓耳挠腮不知所措，最后狠心咬牙离开，就让这个混帐流氓小子有了几分英雄气。“辛德勒的名单”中那位大发战争财的人，倾尽家财，放弃金钱，让上千犹太人免于到奥斯维辛的毒气室中赴死。而最让我们震撼的是他一把鼻涕一把眼泪的忏悔：本来可以多救一个。

很少有人愿意放弃尘世间的浮躁。但令狐冲的豪气让我们敬佩。醉酒狂歌空度日，飞扬跋扈为谁雄？笑傲江湖是理想，是自由无羁的心灵，是不操控他人也不被他人操控的美好愿望。于是就有了独孤九剑，无招胜有招；有了笑傲江湖曲，传唱千载。而任我行的志存高远，东方不败的心怀天下，到最后不过是一对争权夺势的狗男女。正是王图霸业谈笑中，不胜人生一场醉。向问天说的好，“问天下英雄，有几人能够真正笑傲江湖？”令狐冲寄托和放弃的，是一种明知人在江湖身不由己却又不肯屈服的活法，是“快乐英雄”。

爱在世间本来就稀少，又有谁愿意放弃？可是就在那一刻，有些人情愿五内具焚也要漠然离去。“卧虎藏龙”中李慕白和俞秀莲之间那段长达十多年而不宣的爱，在李慕白死去的那一刹那才张扬的如此悲怆：我要做七日的孤魂野鬼，天天陪在你的身边。让人眼泪潸然。“精武英雄”中陈真面对光子奋不顾身的爱，温情脉脉却又毅然决然的说：身在这个时代，你我都无法选择。当陈真站在爱情和国家面前断然选择时，面若坚石。但我们却分明看出了痛苦在他心中的左突右奔。“旺角卡门”中刘德华深爱着张曼玉，可兄弟的死活就在脑里眼前摇晃，万般柔情最终留不住刘德华的脚步。虽然我们知道，那是一条不归路，但英雄就是这样不可一语概之的人物。在鲜血流尽前的一刻，那些温存浪漫的过影在眼前飞舞。

英雄是敢于放弃的人。鲁迅先生的“铸剑”中，眉间尺只与黑衣人只言片语，便将首级与宝剑送与黑衣人，眉间尺为报仇毫不手软自戮首级是英雄！而黑衣人临乱不变砍下自己的头颅在鼎镬中助眉间尺杀死国王，这无疑是自弃生命中最惨烈的。让我们热血沸腾！我们终于明白，放弃也是英雄！以上种种这所有的所有，就是那别样的英雄。

懂得宽容会更快乐美丽

曾记得雨果的一句话：世界上最宽阔的是海洋，比海洋更宽阔的是天空，比天空更宽阔的是人的胸怀。

做人要宽容，更要学会宽容。宽容是什么？宽容是一种修养，一种品质，更是一种美德。宽容不是胆小无能，而是一种海纳百川的大度。宽容不是一味退让，而是一种爱！

因为我宽容，所以我快乐，因为我宽容，所以我解放自己，还心灵一份纯净！

世界上有许多有智慧的人，面对人们的批评，刁难甚至是诋毁，采取了宽容态度，因此赢得了更多人的尊重。记得美国前总统克林顿的夫人希拉里就有过这样的经历，当年她的自传发行之初，一位主持人这样评价道：

“它不可能卖得好，我敢打赌，如果超过一百万本，我把鞋子吃下去。”这是一位脱口秀主持人针对美国总统克林顿的妻子希拉里写的自传的辛辣评价。

上天往往喜欢捉弄把话说绝的人，希拉里的自传没过几个星期、就畅销了一百万本。主持人该品尝鞋子的味道了。

没错，他的确吃鞋子了。不过，鞋子的质地不同寻常，味道更是世上难寻。主持人吃下的是这位总统夫人自传作者特意为他定做的鞋子形状的蛋糕。那味道一定棒极了，因为它里面加了一种特殊的调料—— 宽容。

面对主持人的嘲讽，希拉里并没有给以他猛烈的回击或等着看他吃鞋子，而是用一种幽默宽容的方式巧妙地化解了这场矛盾。总统夫人因宽容 而更加让人敬佩，蛋糕鞋子因宽容而更加美味可口。

这是一次最佳的公关，希拉里的宽容不仅为自己争得了荣誉，也为对手搭了一个美丽的台阶。

宽容也是一种潇洒.如果事事斤斤计较，患得患失，活得也累。人难得到世上走一回，要让自己潇洒的活着，快乐的活着，就要懂得宽容。

宽容是一种风度，如云生雨.宽容是一种风度，似雨润物.大地宽容种子，才有绿色植物的生机勃发.大海宽容溪流，才有不竭源泉的汇入.现实宽容梦想，人类才有非凡的创造力.时间宽容历史，才有知识与智慧的传承接力。

将人生之书写成宽容的篇章，字里行间就满是“行到水穷处，坐看云起时”的幽雅闲适.把生命的哲学推到宽容的高度，方才显露“山重水复疑无路，柳暗花明又一村”的意外惊喜。让生存的睿智演练为宽容的技巧，我为人人，人人便能为我。

宽容他人，无疑于提升自己。因为人际关系是个圈子，你的宽容如同润滑剂，会使圈子的人越来越密，使圈子越来越大，感激你敬佩你的人越来越多。当你遭受到困难，别人也会伸出热情的援助之手。

宽容爱人的弱点，是婚姻生活中的必修课。爱情如雾里看花，醉也朦胧，醒也朦胧.每每从爱情的浪漫仙境跌入平凡琐碎的现实，要学会真诚地爱护对方，包括他的粗心，邋遢，他的嫉妒，小心眼儿。

宽容体现了人格的魅力，凝缩了友爱，体贴，理解，修养。儒家的仁义，墨家的兼爱非攻，道家的静心修为，佛学的苦海无边，回头是岸，无不包含了博大精深的宽容哲学。

宽容是杯浓醇芬芳的老酒，一饮身醉，再饮心醉，仿佛煦风拂面，连石头也会发芽!! 而睚眦必报是条幽寂闭塞的小巷，终将堵死所有的退路和前途，宽容才是风平浪静的海洋，任生命之舟自由横渡。

宽容是一门交际的艺术，它润滑了彼此的关系，消除了彼此的隔阂。扫清了彼此的顾忌，增进了彼此的了解。宽容打开了两颗相对封闭的心灵，象一种明澈而柔润的调和剂使之相融相知，懂得宽容的人生是美丽的。

然而，宽容错误，其实就是等于唆使犯罪那该称之为纵容，包庇。因此宽容是有限度的，有原则的。

常怀宽容之心，心灵的原野便冰消雪融莺飞草长，风光旖旎。

“唐虞之际，音乐可感鸟兽”，为善之端无尽，只讲一让字，便人人可行"，古贤人之语道出了宽容的真谛：宽容可以感化所有人的学会美好.宽容可以使所有人学会忍让，与人为善。

“卑微”是人生的第一课

对于周星驰，《喜剧之王》应该是其所有作品当中最为悲情的一部！这部半自传电影让人笑过之后有一种莫名的感伤涌上心头，感慨万千，挥之不去！

对于一般家庭里的孩子，想看一场电影，应该是很容易的事，可对于那时的周星驰，他疯狂地迷恋李小龙，可是没钱去看偶像的电影。

鲜花与掌声从来都被年轻人全力追逐，在茶楼当过跑堂、在电子厂当过工人的周星驰也不例外。中学时期就梦想有一天能主演一部电影。然而现实与梦想之间的距离总是很遥远，周星驰在电影剧组的第一个工作是杂役，干些诸如帮人买早点、洗杯子之类的事情，根本没有机会参加演出。

3 年之后，周星驰才开始饰演一些仅有几句台词或根本就没有台词的小角色，如果在今天仔细观看那部曾轰动一时的古装武打连续剧《射雕英雄传》，就会在里面找到他的影子：一个只在画面上闪现了几秒钟的无名侍卫，最后以死亡结束了他匆匆的亮相。

然而没有导演看重外型瘦弱另类的他，因为观众的鲜花与掌声只献给美女与英雄。失落之余，他转行做儿童节目主持人，一做就是 4 年，他以独特的主持风格获得孩子们的喜欢。但是当时却有记者写了一篇《周星驰只适合做儿童节目主持人》的报道，讽刺他只会做鬼脸、瞎蹦乱跳，根本没有演电影的天赋。这篇报道深深刺激了周星驰，他把报道贴在墙头，时刻提醒和勉励自己一定要演一部像样的电影。于是重新走上了跑龙套的道路，虽仍要忍受冷眼与呼来唤去，仍是演出那些一闪而过的小角色，但他紧紧抓住每次出演的机会，拼尽全力展示最独特的自己，就像一束一束的瑰丽烟火冲向漆黑的夜空。一年之后，也就是 1987 年，他在真正意义上参演了第一部剧集《生命之旅》，虽然差不多还是跑龙套，但是终于有了飞翔的空间。从此，他开始用一身小人物的卑微与善良演绎自己的人生传奇。

经历过最底层的挣扎，拍完 50 多部喜剧作品之后，周星驰成为大众心目中的喜剧之王。从上世纪 90 年代至今，他的影片年年入选十大票房，他成为香港片酬最高的演员之一。好莱坞翻拍他的电影，意大利举办周星驰电影周向他致敬，他独创的“无厘头”表演风格，成为香港甚至全世界通俗文化的重要内容。

在央视专访节目中周星驰不无自嘲地回忆了走过的路程：有些人说我最辛酸的经历是扮演《射雕英雄传》里面一个被人打死的小兵，但是我记得这好像不是，还有更小的角色，剧名至今也不清楚，只知道应该不是现代的，因为穿古装。一大帮人，我站在后面，镜头只拍到帽子与后脑勺。那种感觉对我来说相当重要，因为这使我对小人物的百情百味刻骨铭心。

人生其实就是这样，充满了光荣与失落，梦想与挫折，奇迹与艰辛。没有人生下来就是大明星，但即使是扮演再普通的小角色，也要用心把他演得最出色。饱尝世事辛酸最后终于站在自已梦想舞台巅峰之上的周星驰，用他的经历告诉我们：卑微是人生的第一堂课，只有上好这一堂课，才有机会使自已的人生光彩夺目。

任何一个成功的人在各种紧要关头，都具有临危不惧，不怕失败，顽强拼搏的精神，都能在最艰难的时候，不灰心丧气，并能不断地在失败中认真总结教训，迎难而上，化耻辱为动力，从而增加了成功的机会。他们的可贵之处就在于跌倒之后有所领悟，而不仅是莫名其妙地爬起来。我们每个人都会面临各种挑战，各种机会，各种挫折，这时候你的抉择，你承受的挫折的能力，就是你未来的命运。成功不是一个海港，而是一次埋伏着许多危险的旅程，人生的赌注就是在这次旅程中要做个赢家，成功永远属于不怕失败的人，永远属于战胜卑微，不断增高的人。

莫要被恭维者支配

巧妙的恭维具有极强的技巧，具有无法抵抗的诱惑力。无论真假却令人乐于信服，不着浪迹，不动声色，使人浑然不觉。气味芬芳宜人，远离点头哈腰，富有新意，而非陈词滥调，尺寸恰当，份量适中，正中下怀。美国前总统胡佛就遭遇了一次巧妙的恭维，并引出了一句名言；谁越喜欢恭维，谁就越可能被恭维者支配。

美国前总统胡佛曾任美国联邦调查局局长，为人心计颇多，很少有人能骗过他。

他曾规定，联邦调查局的所有特工人员，都必须严格地控制体重，不准超标。那些大腹便便的特工人员都知道，一旦被胡佛局长发现，肯定没有好果子吃。但是也有一次例外，他手下的一名胖特工同他开了一个不大不小的玩笑。

有一天，这名胖特工得知自己将被提拔为迈阿密地区特警队的负责人，任职前胡佛局长要接见他，也就是要当面考查考查他。于是，这名胖特工开始绞尽脑汁地琢磨：我发福得这么厉害，怎么才能顺利通过局长接见这一关呢？功夫不负苦心人。胖特工在被胡佛接见之前，到街上买了一套衣服，号码比平时穿的要大得多。他穿上这套新买的衣服一试，非常满意。因为这给人一种假象，就是减肥卓有成效，至少已经减下四五公斤分量了。

到了接见的时候，胖特工穿上这身大号衣服去见胡佛，一见面就感谢局长提出的控制体重的要求，他一本正经地说："局长控制体重的指示太英明了！这简直就是救了我的命啊……"

胡佛听得沾沾自喜，仔细端详了一阵，不但没有批评他，反而还连连夸奖，鼓励他继续带头瘦身。就这样，胖特工顺利地过了关，如愿以偿地到新岗位任职去了。若要人不知，除非己莫为。胡佛局长知道了事情的真相后，说了一句发人深思的话："谁越喜欢恭维，谁就越可能被恭维者支配。"

在现实的交往中，大凡向别人敬献谄媚之词的人，总是抱着一定的投机心理，他们自信不足而自卑有余，无法通过名正言顺的方式博取对方的赏识，表现自己的能力，达到自己的目标，只好采取一种不花力气又有效益的途径——谄媚。

要知道过分粗浅的溢美之词同时会毁坏了你的名声和品

味。不论用传统交际的眼光看，还是用现代交际的眼光看，阿谀谄媚都是一种卑鄙的行为。正人君子鄙弃它，小人之辈也不便明火执仗应用它，即使被人号称的“拍马行家”或‘“马屁精”，也会对这种行为嗤之以鼻。孔老夫子有话：“巧言令色鲜矣仁。”毛泽东生前也多次批评过吹吹拍拍、拉拉扯扯的庸俗作风。可见，阿谀谄媚者，无仁无义、俗不可耐。

世界第一女飞人的智慧

1988 年的汉城奥运会田径赛场上，女子 100 米短跑决赛即将开始，万众瞩目，人们都在拭目以待，准备亲眼见证“世界第一女飞人”的诞生。

起跑线上，一名黑人女运动员吸引了全世界的目光。她叫乔伊娜，来自美国加利福尼亚州，在几个月前的奥运会预选赛上，她一鸣惊人，以 10 秒 49 的成绩打破了女子 100 米世界纪录。除此之外，更加引人注目的是乔伊娜一身奇特的装扮：身着红色运动服，鲜艳夺目，款式奇特，长发披肩，十指上还留着长长的指甲，色彩斑斓。

发令枪响，乔伊娜长发飘扬，奋力奔跑，像一团火红的烈焰，第一个到达终点。在这届奥运会上，她共收获了女子 100 米、200 米、4×100 接力比赛三枚金牌，成为当之无愧的“世界第一女飞人”。而她那耀眼的装扮，同样给人们留下了深刻印象，并由此获得了“花蝴蝶”的美称。

乔伊娜永远是赛场上的焦点，除了别人望尘莫及的速度，还有她那与众不同的服饰。训练之余，她最大的爱好就是服装设计，尤其对色彩和样式有着超乎寻常的想象力，就连专业服装设计师也时常为之惊叹。每次参加比赛，乔伊娜只穿自己设计的运动服，惊艳登场，技压四座。以至于她每次出场的服装造型，都成了比赛中的一大看点。

在乔伊娜的运动生涯中，先后创造了多项世界纪录，其中两项至今无人超越。人们记住了这只美丽的“花蝴蝶”，但从来没有人知道，她为何对服装设计情有独钟？女人爱美，天性使然，实在不足为奇。

直到乔伊娜退役之后，忽然有人问她：“为何你每次比赛都喜欢穿奇装异服？”这个问题看似有点弱智。乔伊娜嫣然一笑，终于道出了其中的秘密：“赛场上必须争分夺秒，如果对手多关注我 0.1 秒，我就有可能领先 0.1 秒，这对我来说非常宝贵。”

在此之前，人们只知道，乔伊娜是天才运动员，却很少有人清楚她的另一个身份——加利福尼亚大学心理学学士。天才的想象，总是与众不同。

目前的女子田径世界纪录中，有十多项纪录已经“尘封”了20 多个春秋，其中 100 米、200 米世界纪录均在此列。该两项世界纪录皆由–乔伊纳所保持，已经成为难以攻克的田坛两大难题。

二十世纪八十年代的一段时间，被誉为“田径黑美人”、“花蝴蝶”的格里菲斯–乔伊纳曾经统治了女子短跑。1984 年洛杉矶奥运会，她只获得 200 米亚军；1988 年却突然爆发，当年 7 月 17 日在美国印第安纳波利斯，100 米跑出 10 秒 49，将世界纪录一下提高了 0.27 秒之多。1988 年在韩国首尔举行的第 24 届奥运会 200 米半决赛、决赛中，乔伊纳先后跑出 21 秒 56、21 秒 34，两次改写世界纪录；将保持九年之久的原世界纪录缩短了 0.37 秒之多。

首尔奥运会上，乔伊纳独得 100 米、200 米、4×100 米接力三枚金牌和 4×400 米接力银牌。其中 100 米预赛、决赛，她的成绩分别达到 10 秒 62、10 秒 54。

奥运会后，种种荣誉接踵而至，乔伊纳被美国奥委会评为年度最佳运动员，并荣获 1989 年度的欧文斯奖。但在欧文斯奖颁奖仪式上，29 岁的她突然宣布退役，让世人甚为意外。

1998 年 9 月 21 日，尚不足 38 岁的格里菲斯–乔伊纳因心脏病在睡梦中离开了人世。

迄今为止，女子 100 米历史最好 10 个成绩中，乔伊纳独占 6 席，而且包揽了前三个最好成绩；女子 200 米历史最好的两个成绩，仍写在她的名下。

爱过就好

沈殿霞，一个在香港乃至中国都很有名的“才女”人们亲切地称作“肥姐”，而一提到“肥姐”，我们也会很习惯的联想到另一个我们非常熟悉的明星——“香帅”郑少秋。

上世纪七十年代，沈殿霞就已红透香江，而当时的郑少秋仍名不见经传，并且刚刚遭受了失恋的打击。在安慰郑少秋的过程中，两人擦出爱的火花，并被香港媒体称为“一对男貌女才的恋人”。沈殿霞与郑少秋结婚后，1987年，在加拿大冒着生命危险生下女儿，正当她沉浸在初为人母的喜悦之中时，却传出丈夫情变消息。当时沈殿霞还没有坐满月子，顿觉天塌地陷，伤心欲绝，终日以泪洗面，眼睛从此老花，连报纸都看不清。产后抑郁又导致严重脱发，后来她不得不戴上假发。致命的打击，几乎把她推到了崩溃的边缘。

沈殿霞最终选择了放手，仅维持了一年的婚姻宣告解体。或许正应了那首歌，相爱总是简单相处太难，十年感情，一朝化为乌有，有情人终成陌路。她和郑少秋的婚变注定要成为媒体焦点，压力之大，可想而知。刚离婚的那段日子，家人对她放心不下，轮流从加拿大飞到香港，日夜陪伴她。有时，她开车在街上等候红灯时，好心的观众会过来安慰她："肥姐，你要坚强，好好照顾女儿！"她的眼眶瞬即涨潮。

爱已成往事，事业还得继续。每天面对观众时，沈殿霞还得强颜欢笑，后来有朋友告诉她："阿肥，最近你的笑容好假哦。"她只能苦涩一笑。电视台为了照顾她的感受，每次做节目时，从不安排她与郑少秋在同一场合出现。

为了忘掉伤痛，沈殿霞从原先住的广播道搬到了清水湾。她原谅了所有人，包括前夫和当年的第三者，并劝说女儿不要恨爸爸。总以为，时间是一剂良药，可以治愈一切，然而十年过去，沈殿霞心底的创伤依旧，她无法解开心结，始终过不了自己这关。

到底是什么，如此刻骨铭心，令她永远不能释怀？

直到几年之后，谜底终于揭开。沈殿霞在 TVB 主持的谈话节目《掌声的背后》开播，首期嘉宾竟是郑少秋，两人相对而坐。节目尾声，沈殿霞忽然话锋一转，终于提到私人话题："实际上我们做了十几年的夫妻，我知道你处处将事业放在第一位，但是有个问号始终埋在我的心底，今天我想借这个机会问你一句话，你只要回答‘是’或‘不是’就行了。”郑少秋含笑点头，示意可以发问。她的脸色忽然凝重了，语速变缓：“在这十几年里，你有没有真真正正地爱过我？”郑少秋不假思索，脱口而出：“我真的好爱你！”肥姐脸色的凝重随即烟消云散，笑靥如花，或许她的心结也终于解开了。

沈殿霞终于走出阴霾，与往事彻底诀别。谁能想到，十几年时光流逝，让她始终无法释怀的，只是那六个字的答案。相逢一笑泯恩仇，爱过已好！

在我们的生活中，许许多多的前女友也曾经在分手后问过相似的问题，其实这样的问题有些幼稚，两个人走到一起，在一起的时候一定真的很爱你。

要知道当一根小提琴的琴弦被波动的时候，会引起周围物体的共鸣，而这个共鸣却不是每个人都能听到，人们的相爱也是如此，当灵魂的那个弦波动了，我们的身体和爱也会产生共鸣。

欲爱不能的老舍

老舍是现代文学史上一位举足轻重的贫民作家。提到他，相信人人都能说出耳熟能详的几部作品来：《骆驼祥子》、《四世同堂》、《茶馆》、《离婚》……老舍的作品大多取材于市民生活，为中国现代文学开拓了重要的题材领域。他所描写的自然风光、世态人情、习俗时尚，运用的群众口语，都呈现出浓浓的京味儿。他的作品以独特的幽默风格和浓郁的民族色彩，以及从内容到形式的雅俗共赏而赢得了广大读者的喜爱。

老舍出身于一个城市贫民家庭。老舍3岁那年，没了父亲，母亲靠给人洗衣服养活他。到9岁，他还不识字。好心的刘大叔资助他，供老舍上学，就这样为老舍成为作家打下了文化基础，中国多了一位作家。

刘大叔是位有钱人，也是大善人。他办贫儿学校、粥厂，把钱都施舍出去。刘大叔后来出家为僧人称宗月大师。他坐化后，烧出许多舍利子。

宗月有个女儿，小时候，老舍常去刘家玩，有一年海棠花开的时候，两人曾说过甜蜜的话。爱上了她。然而，富小姐和胡同贫儿，身份相差太远，谈不上婚嫁，但他们的心是欢喜的。知道她没有定亲，这让他安心。

后来，老舍出了国，刘小姐随父出家为尼。过了好些年，老舍回国了，刘小姐却成了暗娼。其间，发生过什么事，无从推测。可能那尼姑庵本来就不干净，刘小姐错入了虎口。或许她是“一向吃好的穿好的惯了，为满足肉体，还得利用肉体，身体是现成的本钱”……总之，一个黄花大闺女，想伴着青灯古佛过一辈子，哪有那么容易。

他千辛万苦地找到她。她剪了发，脸上有很多粉和油洗净了，大概像一个病中的产妇，她始终不正眼看他。他还爱她，但这爱成了苦酒折磨他。他们原本门不当户不对，现在仍如此，只是高低掉了个儿。朋友看出他的悲痛来，没直说，假装闹着玩地暗刺他，意思是她不配他。

她不配？她本来不是大小姐吗？她沦为赤贫，不也因为她父亲的慷慨施舍吗？而老舍，其实也是受益人之一呀！不过，给是自愿的，得到的人，不欠他们家什么。反之，如果邀恩图报，那她就是无赖小人，受惠者会更加心安理得。

老舍没娶刘小姐——是他想娶而刘小姐不肯，还是他根本没打算娶？他再爱她，大概也不能把一个暗娼用大花轿接回家。我们很难知道事情的真相了，他的记忆被打散了，放在他的小说里、散文里。一幅最美的画，碎纸机里走一遭，也就变成纸屑，什么也拼不出来。

老舍 34 岁，才在朋友劝告下结了婚。他一直记得她。

这次初恋多次出现在老舍的作品中。《微神》是老舍曾经的一个梦。一个失去爱情的人，躺在晴暖的山坡上，神思迷离中所做的一个长长的凄哀的梦。它是以老舍的初恋为原型创作的一篇小说，整篇作品都是通过现实和梦幻交错，来展现一个内心的甚至是下意识的境界，竭力展现由一次悲惨的初恋所留下的不可名状的情绪。“因为我认识那只绣着白花的小绿拖鞋。听见我来了，她象燕儿似的从帘下飞出来，没顾得换鞋，脚下一双小绿拖鞋象两片嫩绿的叶儿。她喜欢得象清早的阳光，腮上的两片苹果比往常红着许多倍，似乎有两颗香红的心在脸上开了两个小井，溢着红润的胭脂泉。那时她还梳着长黑辫……”这就是多次在老舍的梦中出现的初恋，那么纯情，那么美好。“说也奇怪，我在梦中的女性永远是“她”。梦境的不同使我有时悲泣，有时狂喜；恋的幻境里也自有一种味道。她，在我的心中，还是十七岁时的样子：小圆脸，眉眼清秀中带着一点媚意。身量不高，处处都那么柔软，走路非常的轻巧。那一条长黑的发辫，造成最动心的一个背影。

拒绝的智能

大提琴是个古老的乐器，到卡萨尔斯学琴的时代，流行的指法绝对不足以用来演奏巴哈无伴奏组曲。卡萨尔斯完全重建了一套新的指法，才让大提琴再度和巴哈的乐谱连结呼应，卡萨尔斯给了大提琴这项乐器全新的生命。

卡萨尔斯是个音乐天才，然而他能改写大提琴历史，靠的不只是音乐天才，更重要应该是一种难得的“拒绝的智能”。

卡萨尔斯十岁时，他已经弹完巴哈《十二平均律》中的四十八首前奏曲与赋格曲。十五岁时，卡萨尔斯在王宫演奏，赢得了西班牙皇太后赠予的两年奖学金；一边念马德里音乐学院，一边随时进出皇宫，跟太子一起玩耍。然而，卡萨尔斯又拒绝了皇宫奢华生活的诱惑，前往比利时布鲁塞尔，去找当时声名最高的大提琴教授约克伯。

卡萨尔斯到约克伯的班上面试，约克伯用轻蔑态度随口讲了几首冷门的曲子，纯粹只是要难倒卡萨尔斯看他出糗。没想到卡萨尔斯每一首都会拉，而且当场完美地演奏了冷门曲目中最冷门的一首。约克伯态度转变，愿意提供一年奖学金让卡萨尔斯留下来当他的学生。卡萨尔斯毫不客气地拒绝了。他只说自己不喜欢布鲁塞尔，他没说的是，他讨厌约克伯高傲、歧视、无礼的态度。

卡萨尔斯的拒绝，惹恼了提供他生活津贴的西班牙王室，他们以中断奖学金威胁他留在布鲁塞尔跟约克伯学习。卡萨尔斯索性连西班牙王室的资助一并拒绝了，到巴黎过起了贫困的生活。

1936 年，佛朗哥在西班牙建立了法西斯政权，卡萨尔斯又坚决拒绝了西班牙。接着，他拒绝到希特勒和墨索里尼统治的德、意演奏；拒绝到与西班牙建交的英国演奏；1950 年，美国承认佛朗哥政府，卡萨尔斯从此拒绝到美国。

拒绝这个、拒绝那个，卡萨尔斯能到哪里演奏？他哪里都不去。他在比利牛斯山上荒凉的小镇办自己的音乐节，世界第一流的音乐家都争相参加。没有人像卡萨尔斯有那么辉煌的“拒绝”纪录。透过“拒绝”，他维护了一种自己高贵的尊严，这使得他演奏的音乐，有一股决不妥协的骨气。靠“拒绝的智能”打造的卡萨尔斯，绝对是独一无二的。

卡萨尔斯的拒绝，准循着两个基本原则，不向强权低头，不屈服高压政治；不依附奢华生活，反对歧视、无礼的态度。当然所有这一切的一切，都建立在自己高尚的人格、纯粹的艺术追求和高超的专业技能之上的。

一次非正常散步

这是英国铁娘子撒切尔夫人与同事间的一个故事，很平常，却令人感动。

这天清晨，弗格斯家的电话铃声骤然响起。他刚握起话筒，一个陌生而嘶哑的男中音便在电话那头响起：“弗格斯先生您好，我是杰克法官。刚刚有人指控您偷了一家商店的两本书，请您务必于下午1点钟到达法庭接受审理，希望您积极配合我们。”

弗格斯一头雾水，他已经有段时间没有去过商店了，再说以他的地位和经济实力，还用得着去偷书？很显然，这是有人设计陷害他。弗格斯刚刚被上司任命为私人秘书，以致招来嫉妒。

下午1点钟，弗格斯准时到达法庭。指控人是个英俊的年轻人，语句如锋利的刀剑；弗格斯也不是任人宰割的软饼。二人你来我往，互不相让。法官一时难以判断，只好休庭宣布第二天再审。

弗格斯很气愤，他的上司是个精明强干、不苟言笑的女人，对人对事一向要求严格，她特别要求弗格斯在处理完法院的事情后去见她。

弗格斯很沮丧，干了这么多年，辛辛苦苦得来的职位可能就要这样失去了。推开单位的大门，同事们都不约而同停下了手中的工作，不过1秒钟，但仿佛全世界的目光都聚焦到弗格斯的脸上，弗格斯的脸一阵阵发烫，他一遍遍在心里说：我不是贼，不是，我是清白无辜的，是被人陷害的。可是没用，他的声音别人听不到。他成了“过街老鼠”，同事们不是斜眼瞄着他，就是绕他而行。弗格斯实在受不了这样的难堪，径直来到女上司的办公室，他想还是自已辞职吧。

女上司先开了口：“来，我们去散步。”弗格斯还没明白是怎么回事，女上司已经出了门。

弗格斯跟随女上司来到走廊，女上司并没有和他说什么偷窃的事，不过是让他聊聊他的孩子。提到孩子，弗格斯的紧张情绪立刻轻松下来，孩子的诸多趣事让他的脸上不自觉地露出笑容，一向严肃的女上司也不时地点头微笑。

女上司同他走遍了这座办公大楼的所有走廊，很多同事都看到了他们愉快交谈的情景。在走完了所有走廊后，女上司带弗格斯进了茶室，这里的门时刻敞开着，女上司选了临近门口的座位坐下，并示意弗格斯坐在她的对面，使得经过和进入茶室的人第一眼就看得见他们。在这里，视时间为金子般珍贵的女上司居然同弗格斯闲坐了一个多小时。

事情很奇怪，当弗格斯再次推开办公室大门的时候，同事们的态度竟然有了 180 度的大转弯，他们的眼睛里盛满了友善，脸上挂满了笑容……

当弗格斯终于被宣判完全无罪，和他的妻子离开法院准备回家的时候，他看见他的女上司正穿过人群大步向他走来，与他及他的妻子一一拥抱。

“我想我不必对你说什么了，是吧？”女上司故意板着脸。

是的，还用说什么呢？在这令人伤心烦神的事件中，女上司始终是弗格斯的朋友。她毫不吝啬自已的信任并巧妙机智地维护住弗格斯的尊严，使弗格斯能够勇敢地面对鄙夷，最终走出困境。

这位女上司就是英国历史上第一位女首相，被称为政坛铁娘子的撒切尔夫人。她凭借真诚与智慧，赢得了民众的支持与信赖。

爱迪生送给福特的那一拳

亨利·福特，这位近代美国汽车工业的巨擘，曾经多次感慨地表述过这样一句话：善于鼓励他人的能力，是一个人一生中最美好的财富。

在福特汽车工业刚起步时，年轻的福特历经辛苦绘制出一幅新型发动机的草图，因为在那个年代，绝大多数的业内人士都认为，电气车辆才是未来车辆的发展潮流。为此，福特这幅企图改良汽车发动机的蓝图遭受了许多白眼和嘲讽。

得不到理解和支持的福特为此烦恼不已，几欲放弃。但一次晚宴上的幸遇，给福特以巨大的鼓舞，使他以坚定的信心坚持下来，并最终成为引领汽车行业的带头人。

在那次晚宴上，大名鼎鼎的大发明家爱迪生也应邀参加了。福特在餐桌上向距离他最近的一位先生苦口婆心地讲解自己的发动机设想，福特注意到，距离几把椅子以外的爱迪生也在侧耳倾听，并不断挪动椅子向福特这边靠近，最后，这位大发明家索性直接走到福特身边，请他画出发动机的草图。

福特既紧张又兴奋，匆匆几笔就画出了简略的草图，爱迪生全神贯注地研究着这张草图。突然，爱迪生将拳头在餐桌上重重一击，“年轻人”，大发明家显得非常兴奋：“就是它了，你已经得到它了！”

这款发动机的投产，使福特公司走上了腾飞的道路。从1893年汽油机试验成功到1913年福特汽车公司开发出世界第一条汽车生产流水线，爱迪生的话影响了福特整整二十年。

如今的福特汽车公司是世界最大的汽车企业之一。福特汽车公司的历史始于上个世纪初，凭着创始人亨利·福特“制造人人都买得起的汽车”的梦想和卓越远见，福特汽车公司历经一个世纪的风雨沧桑，已经成长为第四大汽车公司。目前，它拥有许多世界著名汽车品牌：福特（Ford）、林肯（Lincoln）、水星（Mercury）、马自达 Mazda）、沃尔沃（Volvo）（已被中国吉利公司于2010年3月28日晚9时收购）轿车.此外，还拥有全球最大的信贷企业—福特信贷（Ford Financial），全球最大的汽车租赁公司 Hertz，和客户服务品牌 Quality Care。

1999年，《财富》杂志将福特评为“二十世纪商业巨人”，以表彰他和福特汽车公司对人类工业发展所作出的杰出贡献。亨利·福特先生成功的秘诀只有一个：尽力了解人们内心的需求，用最好的材料，由最好的员工，为大众制造人人都买得起的好车。在美国独立200周年期间，为了配合这个有纪念意义的节日，美国最大的通讯社——美联社，在对这200年中的20件大事进行的全美民意测验中，福特汽车公司名列第十，可与后来的“阿波罗”飞船登月、原子弹爆炸媲美。

多年以后，福特刻骨铭心地回忆说：“爱迪生先生击在餐桌上的那重重一拳，对我而言，它的价值等同整个世界。”

这就是鼓励的力量！

思想决定能走多远

施瓦辛格 1947 年 7 月 30 日早晨 4 点，出生在奥地利只有 1200 人的小镇特尔，自小生长在贫民窟里，身体非常瘦弱，却在日记里立志长大后要做美国总统。但如何能实现这样宏伟的抱负呢？年纪轻轻的他，经过几天几夜的思索，拟定了这样一系列的连锁目标。

做美国总统首先要做美国州长→要竞选州长必须得到雄厚的财力后盾的支持→要获得财团的支持就一定得融入财团→要融入财团就最好娶一位豪门千金→要娶一位豪门千金必须成为名人→成为名人的快速方法就是做电影明星→做电影明星前得练好身体练出阳刚之气。

按照这样的思路，他开始步步为营。1961 年 7 月，在小镇外的 THALERSEE 湖湖边，施瓦辛格见到了体操运动联合会主席 Kurl Marnul 后，他相信练健美是强身健体的好点子，因而萌生了练健美的兴趣。他开始刻苦而持之以恒地练习健美，他渴望成为世界上最结实的壮汉。

按照自己的规划，当年他走出的第一步时十分精彩，1962 年 2 月，参加欧洲伸屈（健身）比赛，获第六名。其后，在格拉茨找到了一份木匠工作 1963 年春天，15 岁的施瓦辛格在格拉茨的 STIERER 酒店参加了生平第一次健美比赛，获得亚军。1964 年 2 月，获得城市和国家青少年组伸屈（健身）比赛冠军。借着发达的肌肉，一身似雕塑的体魄，他开始成为健美先生。

1965 年，8 月 1 日，开始在奥地利军营服兵役。当时施瓦辛格是名坦克驾驶员。同月 30 日，他逃出军营，参加了在斯图加特举行的欧洲青少年健美大赛，获得少年欧洲先生称号，并结识了后来成为挚友的 Franco Columbu（弗朗哥.哥伦布）。回到军队后，因为未经同意出走而被关禁闭。1966 年，获得欧洲先生称号。同年 3 月，在欧洲“体格最佳的男人”比赛中夺冠。还与 Franco 参加国际力量举锦标赛，Franco 在中量级中取胜，施瓦辛格则在重量级中夺魁。

在以后的几年中，他囊括了欧洲、世界、全球、奥林匹克的健美先生。在 22 岁时，他踏入了美国好莱坞。在好莱坞，他花费了十年，利用在体育方面的成就，而一心去表现坚强不屈、百折不挠的硬汉形象。终于，他在演艺界，声名鹊起。当他的电影事业如日中天时，女友的家庭在他们相恋九年后，也终于接纳了这位“黑脸庄稼人”。他的女友就是赫赫有名的肯尼迪总统的侄女。

婚姻生活恩爱地过去了十几个春秋。他与太太生育了四个孩子，建立了一个“五好”的典型家庭。2003年，年逾五十七岁的他，告老退出了影坛，转为从政，成功地竞选成为美国加州州长。

施瓦辛格的经历让人记住了这样一句话：思想有多远，我们就能走多远。

降低快乐的标准

人们快乐的标准不一，给人们带来的真正快乐也不一样，如何能够将快乐延续呢，降低快乐的标准也许是最为适合的方法。当今传媒大王默多克，香港首富李嘉诚以及澳大利亚华籍企业家谢英福的言行，可能会让人们在生活中得到启示。

澳大利亚开奥运会的时候，在这片土地上发迹的媒体大亨默多克当然会去捧场。

在现场，默多克发现座位底下散落着一枚硬币，他站起身来，然后蹲下，捡起了那枚硬币，脸上带着微笑。

这则细节被媒体爆炒，但我只记住了默多克的微笑，拥有亿万资产的他却为捡到一枚硬币而微笑。

香港的记者曾问过亚太首富李嘉诚，“君以为一生之中，最快乐的赚钱一刻是何时？”李说：“开一间临街小店，忙碌终日，日落打烊时，紧闭店门，在昏暗灯下与老伴一张一张数钞票。”

李嘉诚的答案令记者措手不及。但这真是妙答啊，一点都不做作，谁都会对这样的快乐会心一笑。

快乐的标准是一根可以无限拉伸的橡皮筋，你的欲望越大，它拉得就越长，快乐的标准也就越高。默多克、李嘉诚是智慧的，把快乐的标准降下来，降到人人都拥有的境地，那就快乐了。

澳大利亚还有位华籍企业家谢英福，当时马来西亚有一家国营钢铁厂经营不景气，亏损高达1.5亿元。首相马哈迪找到他，请他担任公司总裁，他不假思索的答应了。在别人看来，这是一个错误的决定，因为钢铁厂债重难还，生产设备落后，员工凝聚力涣散，这是一个巨大的洞，根本无法填平的洞。

但谢英福却坦然对媒体说：“当年我来到马来西亚时，口袋里只有5元钱，这个国家令我成功，现在我要报效这个国家，如果我失败了，那就等于损失了5元钱。”

年近六旬的谢英福从别墅里搬出来，住进了那家破败的钢铁厂，三年后，工厂起死回生，开始大量创造财富。

5元钱每个人都拥有，但当你拥有1万元、1百万元、1千万元的时候，还会以5元的标准衡量自己的快乐吗？

快乐像跳高，跳杆越低，我们就会越轻松，越无所畏惧。

这些成功人士身上所具有的品质，也许就是他们能够成功并快乐基因。

默多克1931年3月11日生于澳大利亚墨尔本，后加入美国籍。其父基思·默多克爵士是著名的战地记者和出版商。默多克毕业于英国牛津大学伍斯特学院，在伦敦《每日快报》当过助理编辑，1952年回到澳大利亚经营其父濒于破产的《阿德莱德日报》。默多克所创建的新闻集团是当今世界上规模最大、国际化程度最高的综合性传媒公司之一，净资产超过400亿美元，集团经营的核心业务涵盖电影、电视节目的制作和发行，无线电视、卫星电视和有线电视广播，报纸、杂志、书籍出版以及数字广播、加密和收视管理系统开发。1999年3月，新闻集团北京代表处成立，次年，卫星电视（STAR）在上海设立代表处，成为首家获准在沪设立代表处的境外传媒公司。

李嘉诚1928年，7月29日出生于广东潮州市，父亲是小学校长。1940年，为躲避日本侵略者的压迫，全家逃难到香港投靠亲戚。年底进入香港的中学读初中。1958年，李嘉诚在北角购入一幅地皮，兴建一幢12层高厂厦，正式介入地产市场。他独到的眼光和精明的开发策略使“长江”很快成为香港的一大地产发展和投资实业公司。1972年，“长江实业”上市，其股票被超额认购65倍。到70年代末期，他在同辈大亨中已排众而出。2009年，长江实业总市值约为10，000亿港元。

受益终生的举动

马克·吐温在他 11 岁那年，每当有机会到他父亲那座坐落在新罕布什尔湖中心岛上的度假木屋的时候，他都会到木屋前面的码头去钓鱼。

有一天黄昏，他和父亲一起去钓鱼，这天正好是北美鲈鱼禁捕期的最后一天，他和父亲只能用蚯蚓钓一些翻车鱼和其他品种的河鲈。他在那枚小小的银色的钓钩上系好鱼饵，很老练地将它抛向远方。钓钩落在水面上，激起阵阵涟漪，在夕阳余辉的掩映下，湖面上闪烁着五彩斑斓的光芒。而当月亮升起，湖面上洒满银白色的月光之后，钓钩激起的涟漪也变成了银白色。

突然，他感到手中的鱼竿猛地一沉，竟然差点从手中滑出去。他知道一定是什么大东西咬住了钩。他的父亲微笑地注视着他，目光中充满了赞赏，也充满了羡慕。

最后，他小心翼翼地将那条已经精疲力尽的鱼拉出了水面。当他仔细地看清了那条鱼时，不禁大吃一惊。因为这是他迄今为止所见过的最大的鱼，但是，令人遗憾的是，它是一条北美鲈鱼。

他和父亲又惊又喜地注视着这条漂亮的北美鲈鱼，看着它在月光下一张一合地鼓着鱼鳃。这时。父亲擦亮了一根火柴，就着闪烁的火光，看了看手表。时针正好指向十点，距离北美鲈鱼禁捕期结束只差两个小时。他看了看鱼，又看了看儿子。

“儿子，你得把它放回湖里去。”父亲说。

“为什么？爸爸！”他不解地问道。

“我们还可以钓其他的鱼啊！”父亲说。

“可是不一定还能钓到这么大的鱼啊！”他争辩道。

说完，他环顾了一下湖的四周。此刻，月光无声地照在湖面上，周围并没有其他的钓者或者船只，四周安静极了。他回过头来，再一次望着父亲，目光中充满了恳求，仿佛在说：“既然没有人看到我们，那么就没有人知道我们是什么时候钓到这条鱼的。”但是，从他父亲刚才那坚决的话语里，他清楚地知道父亲的决定是没有商量的余地的。于是，他只好慢腾腾地把鱼钩从这条鱼的嘴里取出来，然后，将鱼又放回了漆黑的湖水中。

那条北美鲈鱼自由地扭动着强有力的身躯，搅得湖水哗哗直响。很快，它就消失得无影无踪了，湖面又复归于平静。他不无遗憾地注视着湖面，心中想道："恐怕今后再也看不到这么大的鱼了。"

一晃，34 年过去了。如今，他已经是纽约市的一名成功的建筑师了。他父亲的那座度假木屋仍旧还在湖中心的那座岛上，他也经常带着自己的儿子和女儿到木屋前面的那个码头去钓鱼。

正像他曾经说过的那样，他再也没有钓到过像多年前的那天晚上所放走的那条漂亮的北美鲈鱼一样的鱼。但是每当他处在道德与其他私利的十字路口时，那条北美鲈鱼就会一次又一次地在他的眼前闪现。

因为，就像他父亲曾经教过他的那样，道德问题只是很简单的问题，无外乎是对还是错。但是，真正要实践起道德来，你才会发现很难、很难。不信，我们扪心自问："在没有人知道的情况下，我们是否始终是按照道德的标准在做事呢？为了能够按时完成某项工作，我们是否能够始终按照工作的程序和标准来办，而不去抄近路，甚至是投机取巧呢？还有，在进行股票交易的时候，我们明明知道依靠内幕信息进行炒作是不道德的，但是，在利益的面前，我们是否能拒绝这样做呢？"

如果我们在很小的时候就有人教育我们应该把抓到的鱼放回水里去，那么我们肯定会那么做的。因为，我们相信那样做是正确的。

用机智幽默塑造智慧

机智幽默在成功者的身上常常出现。

罗斯福在当选美国总统之前，家里被窃，朋友写信安慰他。

罗斯福回信说：“谢谢你的来信，我现在心中很平静，因为：第一、窃贼只偷走了我的财物，并没有伤害我的生命。第二、窃贼只偷走一部分东西，而非全部。第三、最值得庆幸的是：做贼的是他，而不是我。”

美国前总统里根，在任初期，有一次被枪击中，身负重伤，子弹穿入了胸部，情况危急。在生死攸关的时刻，里根面对赶来探视的太太所说的第一句话竟是：“亲爱的，我忘记躲开了。”

美国民众得知总统在身受重伤时仍能保持幽默本色，康复应该指日可待。他的幽默稳定了因受伤而可能产生的动荡局势。

发生事情的好坏不重要，重要的是从哪个角度去切入。

英国首相威尔逊，在一次演讲中，在刚刚进行到一半时，台下突然有个捣蛋分子高声打断了他："狗屎！垃圾！"威尔逊虽然受到了干扰，但他情急生智，不慌不忙地说："这位先生，请稍安勿躁，我马上就会讲到你所提出的关于环保的问题。"全场人不禁为他的机智的反应鼓掌喝彩。

掌握自己的情绪，才能掌握自己的未来。一次，英国首相丘吉尔在公开场合演讲，从台下递上一张纸条，上面只写了两个字"笨蛋"。丘吉尔知道台下有反对他的人等着看他出丑，便神色从容地对大家说："刚才我收到一封信，可惜写信人只记得署名，忘了写内容。"丘吉尔不但没有受到不快情绪的控制，反而用幽默将了对方一军，实在是高！

一张口开莲花香；一双手勤做善事；一颗心有情有意；一辈子欢喜自在。有一次，萧伯纳在街上行走，被一个冒失鬼骑车撞倒在地，幸好没有大碍。肇事者急忙扶起他，连声抱歉，萧伯纳拍拍屁股诙谐地说："你的运气真不好，先生，如果你把我撞死了，就可以名扬四海了。"

有幽默感的人，凡事健康思考，保持正面态度，在遇到困难时，容易化险为夷。天才幽默大师卓别林曾被歹徒用枪指着头打劫。卓别林知道自己处于劣势，所以不做无谓抵抗，乖乖奉上钱包。但是，他对劫匪说：“这些钱不是我的，是我老板的，现在这些钱被你拿走了，老板一定认为我私吞公款。兄弟，我想和你商量一下，拜托你在我帽子上开两枪，证明我被打劫了。”

歹徒心想，有了这笔钱，这个小小要求当然可以满足了，于是便对着帽子开了两枪。卓别林再次恳求：“兄弟，可否在我衣服和裤子上再各补一枪，让我老板更深信不疑。”头脑简单、被钱冲昏头的劫匪统统照做，6发子弹全部打光了。这时，卓别林一拳挥去，打昏了劫匪，取回钱包喜笑颜开地离去了。

看完上述几则故事，你一定会开心的一笑，不过这不是虚拟的故事，这是现实生活中发生在这些成功人士身上的真实故事。多了解一些这样的故事，也许你也就会是一位充满智慧的人了，成功之路会离你越来越近。

认识到自己的好

有一个小男孩，在小学的时候，他聪明顽皮活泼好动，但常常给学校惹麻烦，是老师和同学们心中的坏孩子，因为他总是在课堂上搞一些恶作剧，使老师“出丑”，课下又常常欺负同学。几乎所有的家长都叮嘱自己的孩子不要和他玩，害怕自己的孩子会学坏。男孩的家长也害怕到学校参加家长会，不敢面对学校和其他家长的指责。一天，学校甚至准备通知男孩的家长要他们将孩子转走。

那天之后，男孩就开始逃学，常常在古旧市场、火车站游荡。长时间的逃学也是很无聊的，在学校里，他受不了同学们那孤立的目光，对家人说，害怕会遭到一顿暴打。男孩有些受不了了，他一直想找一个人诉说。有一天晚上，他突发奇想，他要给敬爱的毛主席写一封信。在信中他说了自己的情况，还画了两幅画，同时放进了一张他和妹妹的合影。第二天一早，他就把写着“北京毛主席收”的信投进了信箱。

不久后的一天，对这个小男孩来说是永生难忘的一个片段。男孩的一个同学见到他，说老师要他去学校一趟。见到班主任，班主任对他笑，男孩不习惯。男孩和班主任到教导主任那儿，教导主任对他笑，男孩有些害怕了。在去校长办公室的路上，男孩腿开始发抖了。见到校长，校长也对他笑，男孩心想这下完了，学校要正式开除我了。

只见校长拿出了一个上面写着吉林省长春市朝阳区某某小学四年级 2 班某某小朋友收，下面是中国共产党中央委员会办公厅的牛皮纸信封。信中写道：某某小朋友：你 6 月 24 日写给毛主席的信还有图画和照片都收到了，谢谢你，今寄去毛主席照片一张，请留作纪念。希望你努力学习，注意锻炼身体，准备将来为祖国服务。日期是 1959 年 7 月 3 日。

这不仅是你的光荣，也是我们全校的光荣啊，快——快去广播室，向全校师生广播。校长有些哆嗦地说。接下来，男孩在老师和同学们的心目中由一个令人讨厌的坏学生变成了一个聪明、有出息的好学生了。而老师又将自己的这一心理活动通过自己的情感、语言和行动传染给这个男孩，使他变得更加自尊、自爱、自信、自强。学校还编了一个《他转变了》的两幕话剧。后来这个男孩真的变好了，变成了人见人夸的好学生。

他就是中央电视台《朋友》栏目的著名主持人王刚。

举世无双的报酬

亚历山大·弗莱明 1881 年 8 月 6 日出生 于苏格兰基马尔诺克附近的洛克菲尔德。

他的父亲弗莱明心地善良，乐于助人。有一次他在田里耕作时，忽然听到附近的泥沼地带有人发出呼救的哭泣声，他当即放下手中的农具，迅速地跑到泥沼地边，发现有一个男孩掉进了粪池里，他急忙将这个男孩救起来，使他脱离了生命危险。

两天以后，一位高雅的绅士驾着一辆华丽的马车来到了弗莱明所住的农舍，彬彬有礼地自我介绍说，他就是被救男孩的父亲，特地前来道谢。这位绅士表示要以优厚的财礼予以报答，农夫却坚持不受，他一再申明："我不能因救了你的小孩而接受报酬。"正在互相推让之际，一个英俊少年突然从外面走进屋来，绅士瞥了一眼便问道："这是你的儿子吗？"农夫很高兴地点点头说："正是。"绅士接着说道："那好，你既然救了我的孩子，那就也让我为你的儿子尽点力，让我们订个协议吧，请允许我把你的儿子带走，我要让他受到良好的教育。假如这个孩子也像他父亲一样善良，那么他将来一定会成为一位令你感到骄傲的人。"鉴于绅士的诚心诚意，农夫只好答应了他的提议。

绅士非常讲信誉，重承诺，不但把农夫的孩子送到学校读书，而且还供他到圣玛利医学院上学，直至毕业。

这个农夫的孩子不是别人，他就是后来英国著名的细菌学家亚历山大·弗莱明教授。他于 1928 年首次发明了举世闻名的青霉素，后来又经过英国病理学家弗洛里和德国生物学家钱恩的进一步研究完善，于 1941 年开始用于临床，并于 1943 年逐渐加以推广。青霉素被公认为是第二次世界大战中与原子弹和雷达相并列的第三个重大发明。而上面提到的那个绅士便是英国上议院议员丘吉尔，他那个被农夫救起的儿子后来成了英国著名的政治家，二战时期的首相丘吉尔爵士。

弗莱明是一个脚踏实地的人。他不尚空谈，只知默默无言地工作。起初人们并不重视他。他在伦敦圣玛丽 医院实验室工作时，那里许多人当面叫他小弗莱，背后则嘲笑他，给他起了一个外号叫"苏格兰老古董"。有一天，实验室主任赖特爵士主持例行的业务讨论会。一些实验工作人员口若悬河，哗众取宠，惟独小弗莱一直沉默不语。赖特爵士转过头来问道："小弗莱，你有甚么看法？""做。"小弗莱只说了一个字。他的意思是说，与其这样不着边际地夸夸其谈，不如立即恢复实验。

谁也没有料到，一个农夫救起的一个素不相识的孩子对后世会发生如此重大的影响，他自己的儿子也因此而获得受高等教育的机会，日后竟然会成为英国著名的细菌学家和青霉素的发明者。丘吉尔首相在二战中的卓著功勋无须赘述，弗莱明教授发明的青霉素也不知拯救了多少过去根本无法拯救的生命，真是为全人类造福不浅。从这个意义上讲，那位行善积德的农夫弗莱明所得的报酬是最守信最真挚的，由于双方的共同努力，这个报酬也成了最高和最优厚的报酬，成为了是举世无双的！

懂得坚持和努力的安徒生

安徒生1805年4月2日生于丹麦菲英岛欧登塞城一个贫民家庭，父亲是鞋匠，母亲以帮人洗衣维持生计。安徒生很小的时候当鞋匠的父亲就过世留下他和母亲二人过着贫困的日子。他早年失学，但喜好演戏，曾在舞台上跑过龙套，一直梦想着当个演员和剧作家。1819年安徒生只身来到哥本哈根谋生，并拟实现自己的理想，但因没有受过系统的教育，接连碰壁。

一天，他和一群小孩获邀到皇宫里去晋见王子，请求赏赐。他满怀希望地唱歌、朗诵剧本，希望他的表现能获得王子的赞赏。

等到表演完后，王子和蔼地问他："你有什么需要我帮助的吗？"

安徒生自信地说："我想写剧本，并在皇家剧院演出。"

王子把眼前这个有着小丑般大鼻子，和一双忧郁眼神的笨拙男孩从头到脚看了一遍，对他说："背诵剧本是一回事，写剧本又是另外一回事，我劝你还是去学一项有用的手艺吧！"

但是怀抱梦想的安徒生回家后不但没有去学糊口的手艺，却打破了他的存钱罐，向妈妈道别，到哥本哈根去追寻他的梦想。他在哥本哈根流浪，敲过所有哥本哈根贵族家的门，没有人理会他，他从未想到退却。

他刻苦自学，除了演戏和跳舞之外，也学习过丹麦文、德文和拉丁文。他大量阅读名家的作品，对莎士比亚、司各特以及霍夫曼等人钦佩不已。他开始写诗，四处投稿，并着手写悲剧。他一直写作史诗、爱情小说，未能引起人们的注意，他虽然伤心，仍然坚持写了下去。1822 年他在出版诗文集《青年的欲望》时，署名"威廉·克里斯蒂安·瓦尔特"，这个署名的头尾隐含着莎士比亚和司各特，表明自己的志向。同年 9 月，在皇家歌剧院经理约纳斯·科林的帮助下，安徒生申请到王室的资助，进入西兰岛的斯拉厄尔瑟文法学校就读。1825 年，安徒生随意写的几篇童话故事，出乎意料地引起了儿童的争相阅读，许多读者渴望他的新作品发表，这一年，他 30 岁。

1828 年安徒生又进入哥本哈根大学深造，从此不断取得成绩。1829 年发表游记《1828 和 1829 年从霍尔门斯运河至阿马厄岛东角步行记》，虽然模仿德国作家霍夫曼的笔调，仍显露了不同凡响的才华，引起文坛的注意。同年，剧本《圣尼古拉教堂钟楼中的爱情》上演成功，《诗集》（第一部）出版也得到好评，可谓捷报频传。1833 年，在几位著名作家的保荐下，向国王弗雷德里克六世申请出国旅行补助金获准，从 4 月至次年 8 月，安徒生先后游览了德、法、瑞士等地，在意大利逗留的时间更长，归来后以罗马、那不勒斯和威尼斯为背景设计故事情节，写成长篇小说《即兴诗人》，于 1835 年出版，博得广泛赞誉，陆续被翻译成德、英、法、意、俄等多国文字，名扬天下。

直至今日，《国王的新衣》、《丑小鸭》等许多安徒生所写的童话故事，陪伴了世界上许多儿童健康地成长。

聪明如你者，无论环境如何的困苦，不要向它低头，要坚持。沙地虽然贫瘠干燥，绿色的仙人掌还是挺直身躯，让自己开出缤纷的花朵。